Reinhard Schubert

Weißt du noch?

Zum Feiern gingen wir in die „Clara"

Mitten aus'm GERAER
DDR-Alltag
Geschichten und Episoden

Dank an die Helferinnen und Helfer
Die Fotos des vorliegenden Bandes stammen von Dr. Holger Christel,
Reinhard und Helga Schubert sowie aus der Sammlung Dr. Christel,
der Sammlung Jürgen Jebautzke, der Sammlung Stefan Bauch, der
Sammlung Schubert, dem Stadtmuseum und dem Verlag.

Die Autoren einiger Bilder konnten nicht mehr ermittelt werden.
Inhaltliche Hinweise und Teiltexte von Georg Bergner sowie Helmut
Voigt wurden freundlicherweise zur Verfügung gestellt. Ohne diese
Unterstützung wäre das Buch nicht denkbar gewesen. Der Autor dankt
deshalb allen Mitarbeitern und Unterstützern sehr herzlich.
Die Quellen von Zitaten aus zeitgenössischen Zeitungen sind im Text
angegeben.
Herzlicher Dank gilt auch der Geschäftsführung der Gewo Gera, in
deren Geschichtswerkstatt Fotos von den alten Gebrauchsgegenständen
der Geraer angefertigt werden konnten.

Erinnern Sie sich?

40 Jahre hat die DDR existiert. Rund 20 Jahre sind seit der Wiedervereinigung Deutschlands vergangen. An Versuchen zur Aufarbeitung der Geschichte hat es nicht gefehlt. Und trotzdem gibt es noch viele Lücken – nämlich auch die nie endenden, persönlich erlebten Geschichten und Episoden, die nur scheinbar am Rande standen. Dabei haben gerade auch sie das Leben der Menschen in Gera geprägt.

„Weißt du noch?" – Das habe ich einige Geraer gefragt und sie über die Zeit nach dem Krieg in Gera erzählen lassen. Dabei kamen viele interessante Geschichten und Episoden übers Alltagsleben im Gera jener Zeit zusammen – Erinnerungen wurden wach!

Es geht in diesem Band weder um eine Chronologie der Geraer Ereignisse noch um eine politische Auseinandersetzung mit den Gegebenheiten in Gera zu DDR-Zeiten, aber auch nicht um eine nostalgische Glorifizierung des Alltagslebens in jenen Jahren.

Unser Buch soll die Leserinnen und Leser unterhalten. Es kann geschmunzelt, gelacht oder auch nur gelächelt werden. Man kann aber auch heute noch stolz, verbittert oder verärgert sein über die in diesem Buch aufgeschriebenen Alltagsgeschichten. Das Buch kann sicher auch Anregung zur Auseinandersetzung mit dem Erlebten sein. Dies allerdings überlasse ich den Leserinnen und Lesern. Jeder hat seine eigene Sichtweise und Erinnerung, seine eigenen Erfahrungen in DDR-Zeiten. Einige werden sich decken mit denen in diesem Buch.

Ich wünsche allen Lesern eine unterhaltsame Lektüre!

Reinhard Schubert

Neubeginn in Gera

Schweres Erbe und neuer Mut

Der 14. April 1945 war das historische Datum des Kriegsendes in Gera: Gegen Mittag kapitulierten die verbliebenen 1.200 Soldaten des Standortes Gera. Die 7. US-Armee besetzte die Stadt. Ihr Chef war Captain Shatterfield, das **Hauptquartier** im Hotel „**Schwarzer Bär**".

Der Zweite Weltkrieg hatte tiefe Wunden geschlagen. Vor allem durch die Angriffe der Tiefflieger wurden 548 Menschen getötet, weitere 2632 Geraer sind als Soldaten auf den Schlachtfeldern ums Leben gekommen, 211 jüdische Einwohner wurden in den Vernichtungslagern der Nationalsozialisten umgebracht, 587 Geraerinnen und Geraer waren in Zuchthäusern und Konzentrationslagern interniert. Die Zahl der Verletzten und Verwundeten taucht in keiner Statistik auf. Hunderte Soldaten befanden sich in Gefangenschaft, andere wurden noch vermisst.

Die Reste des zerbombten Schlosses Osterstein

Die materiellen Schäden in der Stadt waren schrittweise zu beseitigen. 864 Häuser waren ganz oder teilweise zerstört worden, darunter das **Schloss Osterstein**, der **Südbahnhof**, das **Städtische Museum** und die **Enzianschule**. Die große Wohnungsnot und der Hunger wurden dadurch verstärkt, dass rund 20.000 Vertriebene in Gera eine neue Heimat suchten.

Fast jede Familie hatte Schicksalsschläge hinnehmen müssen. In die Trauer mischten sich Hoffnungen. Frauen und Kinder warteten auf ihre vermisst gemeldeten Männer und Väter, viele Familien waren zerrissen und hatten unterschiedliche Unterkünfte im gesamten Reichsgebiet gefunden. Trotzdem keimte die Hoffnung, dass das Leben in Gera nicht nur weitergehen würde, sondern dass bessere Zeiten bevorstehen. Das Leben musste und sollte besser werden.

So gab es schon Ende April 1945 im „**Vereinshof**" in der **Greizer Straße** ein gemeinsames Treffen von etwa 20 Sozialdemokraten und Kommunisten, die darüber diskutierten, wie es nach der Zerschlagung des Hitler-Regimes weitergehen sollte. Später bezeichnete man sich als „Antifaschistisches Komitee".

Zerstörungen am Roßplatz

Die Russen kommen

Die Stadtverwaltung nahm ihre Tätigkeit wieder auf. Bereits am 7. Mai setzten die Amerikaner den Rechtsanwalt **Dr. Rudolf Paul** als **Oberbürgermeister** ein. Die Nazis hatten ihn mit einem Berufsverbot belegt. Dr. Paul wurde wenig später zum Thüringer Landespräsidenten berufen, hat aber Thüringen bereits 1947 in Richtung Westzonen verlassen.

Der Rundfunk war die beste Informationsquelle, Zeitungen erschienen nur sporadisch und waren natürlich der Zensur unterworfen. Ein Volksempfänger („**Goebbels-Schnauze**") oder ein höherwertiges Gerät befand sich nahezu in jedem Haushalt. Und so verbreitete sich am 7. Juni eine Meldung wie ein Lauffeuer: Die Russen würden ganz Thüringen als Besatzungsmacht übernehmen. Vor allem die einstige Soldaten hatten mitunter schlimme Erfahrungen mit den Russen gemacht, sodass es neue Ängste für die Zukunft gab. Schon am 2. Juli besetzte die Sowjetarmee Gera. Oberbürgermeister Dr. Paul begrüßte die Truppen auf dem Markplatz. Dazu hatten sich zahlreiche Geraer eingefunden. Das russische Anfangskontingent hatte aus drei Panzern und mehreren **Panjewagen** bestanden. Die Wagen wurden auf der abschüssigen **Großen Kirchstraße** mangels Bremsen gerade mal mit ein paar Holzstöcken am Wegrollen gehindert.

Begrüßung der russischen Armee auf dem Markt

Die spätere „offizielle" Version in DDR-Publikationen lautete dazu: *„Mehr als 30.000 Einwohner bildeten auf den Straßen bis zum Markt Spalier und begrüßten die einziehenden Sowjetsoldaten als Repräsentanten des ersten Arbeiter- und Bauernstaates und als Freunde des deutschen Volkes mit Transparenten und Blumen."*

Am 18. Mai hatte sich auch ein neuer Stadtrat konstituiert, der sich ausschließlich aus Mitgliedern zusammensetzte, die nicht Mitglied der Nazipartei gewesen waren.

Alle zehn Tage drei Brötchen

Hoffnungsschimmer gab es viele. So musste die Versorgung mit elementaren Lebensmitteln gesichert werden. Bäckermeister **Klaus Steinmetzger** erinnert sich, dass zwar genügend Mehl zur Verfügung stand, sodass die Bevölkerung versorgt werden konnte – natürlich nur mit den schmalen Rationen, die auf den **Lebensmittelkarten** zugesichert waren. Brötchen gab es übrigens anfangs noch nicht. Die „Weißbrotmarken" folgten erst geraume Zeit später. Dann gab es alle zehn Tage drei Brötchen.

Ein zusätzliches großes Problem war: Die Bäckerei am **Steinweg** hatte kein Wasser. Also musste improvisiert werden. Die Meister und ihre Mitarbeiter reinigten einen Wasserkessel, bauten ihn auf einen Wagen, der sich als Anhänger an ein Fahrrad anschließen ließ. Zu nächtlicher Stunde – Bäcker müssen eben sehr frühzeitig aufstehen – ging es dann in den **Botanischen Garten** bzw. zur **Firma Weber** ins Stadtzentrum zum Wassertanken. Der Transport der Grundstoffe erfolgte mit Holz- oder Kohlevergaser-Fahrzeugen. Die Bäckergenossenschaft verfügte über ein derartiges Auto.

Erste Proben am Theater

In seiner Geraer Zeit stand Dr. Paul vor vielen Entscheidungen, die mehr als guten Willen verlangten. Das Okay der Amerikaner war immer notwendig. Es zählte der kleinste Erfolg: Ende Mai konnte Dr. Paul sogar schon wieder Proben am Theater genehmigen.

Die Straßen waren auch bald vom Schutt geräumt, sodass der Verkehr wenigs-

Auf die Kohlebahn, fahrend auf Straßenbahngleisen, war immer Verlass

tens auf den Hauptverkehrsstraßen wieder rollen konnte. Die **Geraer Straßenbahn**, die zweitälteste in Deutschland, hatte erhebliche Schäden an den Fahrleitungen und Gleisen zu verzeichnen. Aber es wurde Tag und Nacht gebaut. Schon am 30. Mai hatte man ein kleines Wunder vollbracht und den Schienenverkehr wieder aufgenommen. Die Beliebtheit der Bahn war ungebrochen.

Mit Fahrrad und Handwagen

Das Wort „Kaufen" wurde in den ersten Tagen und Wochen nach dem Krieg ganz klein geschrieben, vielmehr ging es ums Tauschen, Organisieren und Beschaffen. Die alten Ofenfeuerungen brauchten Nachschub. Obwohl die Sommermonate bevorstanden, musste an die kalte Jahreszeit gedacht werden. Ohne **Handwagen** ging gar nichts. Der Weg führte in die Wälder, um Holz zu beschaffen.
Mit dem Handwagen ging es zur Erntezeit auch in den **Schrebergarten**, um Obst und Gemüse nach Hause zu holen. Die Männer hatten noch eine Lieblingspflanze auf der eigenen Scholle, den **Tabak**. Zwar gab es auch „**Raucherkarten**", aber das Kontingent reichte bei weitem nicht. So wurden die geernteten Tabakblätter zu Hause gewaschen, getrocknet und sorgsam geschnitten. Das gab willkommenen Nachschub für die **Selbstgedrehten** oder für ein genüssliches Pfeifchen.

Ohne Handwagen ging gar nichts

Glücklich waren die, die ihre mit Brennholz beladenen Wagen nicht selbst ziehen mussten

7

Mit der Zeit waren die Wälder ziemlich saubergefegt, jedes lose Stück Holz schon aufgesammelt. Nur das lose herumliegende Holz durfte man sammeln. Die Säge musste man gut verstecken, denn „**illegale Holzentnahme**" wurde streng bestraft. Ganz nebenbei wurden beim Waldgang auch **Beeren** gesammelt und später zu **Marmelade** verarbeitet. Im Herbst waren die **Zuckerrüben** an der Reihe, die man irgendwo „beschafft" oder eingetauscht hatte. Die Rübenschnitzel wurden dann im Kessel der Waschküche zu einem zähflüssigen schwarzen

Sirup verkocht, dessen Geruch vielen Geraern bis heute in der Nase oder zumindest im Gedächtnis geblieben ist.

Ein eigenes Fahrrad galt als Luxus kurz nach dem Krieg

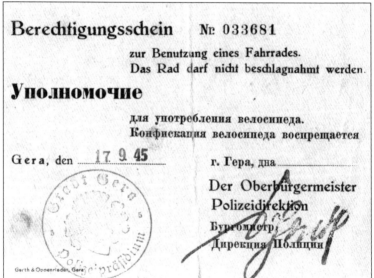

Mit einem derartigen Schein ging man auf Nummer sicher

Wer noch glücklicher Besitzer eines **Fahrrades** war, hatte schon den höchsten Grad der Mobilität erreicht. Allerdings durfte man den Drahtesel zunächst nur benutzen, wenn man eine behördlich erteilte Lizenz dabeihatte. Die ersten „**Berechtigungsscheine**" in leuchtend roter Farbe wurden Mitte Juli gegen den geringen Obolus von 50 Pfennig ausgegeben. Die Scheine waren außer auf Deutsch auch in russischer Sprache verfasst und wiesen vorsorglich darauf hin, dass das Fahrrad nicht beschlagnahmt werden dürfte. Man hatte da wohl nicht die besten Erfahrungen gemacht.

Die Schläuche für die Räder waren mit der Zeit auch knapp geworden, sodass findige Köpfe bald auf die Idee der Vollgummi-Bereifung kamen. Bequem war das nicht gerade, aber das hat in dieser Zeit niemanden gestört, Hauptsache war, dass das Gefährt rollte. Selbstverständlich wurde es zur Nachtzeit gut verwahrt und eingeschlossen.

Zu einer „Thüringen-Aktion" hatte die „Volkssolidarität" aufgerufen. Die Firma Louis Hirsch stellte 36 Schlafdecken zur Verfügung.

Vorschriften, „Beschaffen" und „Beschlagnahme"

Jeder neue Tag brachte einen neuen Befehl oder zumindest eine Anordnung. Die privaten Buchhandlungen und Bibliotheken zum Beispiel wurden zeitweise geschlossen, um die noch reichlich vorhandene Nazilteratur beschlagnahmen zu können. Glücklicherweise blieb der größte Teil des „normalen" Buchbestandes verschont, und so konnte man in der Leihbücherei „**Brendel's Buchhandlung**" in der **Dr.-Eckener-Straße** noch bis weit in die DDR-Zeit Bücher zum Beispiel von **Karl May** ausleihen.

Literatur auch „unterm Ladentisch"

Die Karl-May-Bände gehörten zu den am meisten ausgeliehenen Büchern und litten von daher sehr unter der Abnutzung. Schlimme Gebrauchsspuren an den Büchern waren unumgänglich. In der DDR war Karl May von offizieller Seite verpönt, später verkaufte man die Rechte des Radebeuler Karl-May-Verlages an ein Unternehmen in Westdeutschland.

„Brendel's" überlebte die DDR-Zeit ebenso wie die „Kanitz'sche Buchhandlung" auf dem Markt, deren langjährige Geschäftsführerin Doris Haake jeden ihre Stammkunden kannte und auch immer mal unter den Ladentisch griff, um ein besonderes Exemplar anzubieten. Die Auflagen der DDR-Verlage waren nämlich meist sehr knapp bemessen, mit Ausnahme der Propagandaliteratur.

Schwarzhandel, Preistreiberei und ein Brikett fürs Theater

Schon am 1. Oktober 1945 wurde der Unterricht an den Schulen wieder aufgenommen, auch die **Amthorsche Handelsschule** und die **Volkshochschule** begannen wieder mit dem Lehrbetrieb, und das **Geraer Theater** wurde mit Mozarts „Hochzeit des Figaros" wieder eröffnet. Man wurde gebeten, ein **Brikett** mitzubringen, was die Theaterfreunde gern getan haben. Das waren durchaus Maßnahmen, die unter der Bevölkerung ein wenig Optimismus auslösten.

Die Kehrseite: Gängelei durch die Russen. Die deutsche Bevölkerung wurde zum Beispiel verpflichtet, die Soldaten der Roten Armee zu grüßen. Der Betrieb von **Rundfunkgeräten** wurde nur mit Einschränkungen gestattet. Höchstens drei Röhren dufte ein Gerät besitzen. Dadurch sollte der Empfang westlicher Sender verhindert werden, später wurden dann die Programme von RIAS Berlin gestört, ein eigener „**Freiheitssender**" mit Senderichtung Westen ging in Betrieb. **Schwarzhandel** und **Preistreiberei** wurden streng bestraft. Weil der Stromverbrauch in den Abendstunden enorm zugenommen hatte, durfte nur noch eine Lampe pro Zimmer brennen, **Stromsperren** waren an der Tagesordnung. „**Beschaffen**" war das Modewort dieser Zeit. So „beschafften" sich zum Beispiel (woher auch immer) zahlreiche Geraer einen **Gas-Glühstrumpf** und hatten während der Stromsperren wenigstens etwas Licht. Weitere Maßnahmen der Besatzungsmacht: **Fahrtenbücher** für Autos und sogar für Kleinkrafträder ohne Tacho wurden eingeführt, alle Vereine mussten sich registrieren lassen, alle Kunstgüter wurden registriert. Die Polizisten wurden verpflichtet, eine Pfeife mit sich zu führen. Außerdem sollten sie Mitglied einer demokratischen Partei sein. Diese Maßgabe wurde später eingeschränkt: Polizisten mussten Mitglieder der SED werden.

Varieté im Palmengarten

Ein Jahr später kam das gesellschaftliche Leben zunehmend in Gang. Der „**Wintergarten**" nahm seinen Betrieb wieder auf, „**Imperial**" eröffnete als Varieté-Theater im **Palmengarten**. Für die Jugend wurde das „**Geschwister-Scholl-Haus**" eröffnet, eine **Wirkungsgruppe des Kulturbundes** konstituierte sich, die **Konsumgenossenschaften** wurden wieder gegründet, der erste **Ganztagskindergarten** konnte in der **Hundiusstraße** (heute Leibnizstraße) übergeben werden.
Die Geraer entdeckten die Freude am Leben wieder. Wenig Geld und das geringe Angebot waren kein Hinderungsgrund, wieder einmal das Tanzbein zu schwingen. Fast an allen Tagen war das **Café Vaterland** auf dem Roßplatz überfüllt, im **Skatbruder** in der Neuen Straße wurde fleißig gereizt und gestochen, und mit Kind und Kegel ging es in den **Luna-Park** in **Milbitz**. Im Hof befand sich dort ein geräumiger Spielplatz. Im Gastraum hatte man an der Decke eine

Rakete montiert (was immer die bedeuten sollte). Das war genau das Richtige für die Kinder.

So hatte fast jeder Stadtteil seine „**Eckkneipe**" und sein Café. Zum Wochenendausflug ging es auch gern nach **Ernsee** zu „**Borcherts**", die hauseigene Konditorei leistete alles, was in dieser Zeit möglich war.

Explosion im Südbahnhof

Noch einmal schien der Krieg zurückzukehren. Am 1. Juli 1946 wurde die gesamte Stadt erneut von schweren Detonationen erschüttert. Der Krieg beginnt aufs Neue, dachten viele Geraer. Was war geschehen: Gegen 17.15 Uhr explodierte ein abgestellter Güterzug auf den Gleisen des Südbahnhofes. Er war mit Seeminen beladen. Teile des Zuges einschließlich der Lokomotive waren nach der Explosion im gesamten Stadtteil verstreut. Eine Radachse soll sogar im Bereich des „Wintergartens" gefunden worden sein. Schwerwiegend waren die Zerstörungen am Geraer Gaswerk, das seinen Betrieb daraufhin zunächst einstellen musste. Die genauen Ursachen für die Explosion konnten nie ermittelt werden. Nach knapp 16 Monaten waren die Reparaturen beendet, und das Gaswerk lieferte wieder Gas. Das war dann auch ein wesentlicher Schritt zur weiteren Verbesserung des Lebens in der Stadt.

... und dann die mühselige Hausarbeit

Was wäre aus Gera ohne die so genannten „**Trümmerfrauen**" geworden? Tagsüber räumten sie den Schutt von den Straßen, suchten nach wiederverwendbarem Baumaterial, abends mussten sie sich um die Familien kümmern, wobei die Männer oft gefallen, vermisst oder noch in Gefangenschaft waren.

Hohe Belastung für die Frauen: tagsüber Schutt beseitigen, abends wartete der Haushalt

Die Haushalte waren noch spärlich eingerichtet. In der Regel standen im **Waschhaus** ein **Kessel** zum Wäschekochen und ein **Waschbrett**. Die großen **Bottich-Waschmaschinen** kamen erst später in die Waschküchen. Etwas besser ging es den Frauen, die schon eine **Wringmaschine** nutzen konnten. Damit wurde die Wäsche sozusagen maschinell ausgewrungen. Mit den großen Stücken (Betttücher, Bettbezüge ...) ging man danach zur Mangel, um die Wäsche glatt zu bekommen. Die Geraer nannten die Mangel auch „**Rolle**". In Wäschekörben schleppten die Frauen die Wäsche dann zu den betriebsfähigen „**Rollen**".

Aufwändig und ungeliebt ...
... die „große Wäsche"

Schmutzige Bettwäsche, Handtücher, Tischdecken und Unterwäsche wurden in der Regel vier bis sechs Wochen lang gesammelt und dann während der so genannten **„großen Wäsche"** gereinigt. Die war für die Hausfrau und auch für die Kinder unbeliebt, zog sie sich doch mehrere Tage hin und verlangte geradezu logistisches Herangehen. Es begann damit, dass ein Eintopfessen vorgekocht wurde, damit die Mittagsmahlzeit für zwei bis drei Tage gesichert war, denn für die Essenzubereitung hatte man am Hauptwaschtag keine Zeit.

Mit Holz und Kohle angeheizt zur „großen Wäsche" im Kochkessel

In vielen Mehrfamilienhäusern gab es bis in die 70er Jahre einen **Gemeinschaftswaschraum**. Dort hing ein Kalender, auf den man seine Waschtage eintrug. Das brachte mitunter auch Unfrieden, zum Beispiel wenn jemand nicht rechtzeitig den Waschraum räumte oder diesen unreinlich übergab. Bevor es richtig zur Sache ging, wurde die Wäsche in Zinkbadewannen mit einem Schmutz lösenden **Einweichpulver** eingeweicht. Am nächsten Tag wurde der Ofen mit dem großen **Waschkessel** mit Holz und Kohle eingeheizt und die Wäsche zum Kochen gebracht. Bei uns im Haus wurde in der Nachkriegszeit darin sogar auch **Rübensaft** gekocht. Nach dem **Abkochen** kam der Hauptwaschgang. Mit einem riesigen Holzlöffel mussten die Wäschestücke aus der heißen Brühe herausgehoben und in den Waschzuber gelegt werden. Dabei stand die Waschküche voll unter Dampf. Kein Wunder, dass man bei starkem Nebel sagt, draußen sei die reinste Waschküche. Der kräfteaufwändigste Teil

Waschen mit dem Waschbrett: Rubbeln, bis die Hände wund waren

der großen Wäsche war dann die Arbeit am **Rubbelbrett**. Reine Handarbeit! Etwas besser waren jene dran, die eine Holzwaschmaschine besaßen, die jedoch auch noch manuell angetrieben werden musste. Die „Maschine" war ein Bottich mit einem hölzernen Rührschwengel, der hin und her, hoch und runter geschwenkt wurde, um die Wäsche im Seifenwasser schön durchzurütteln. Dazu gehörte eine separate Presse, in der abschließend jedes Wäschestück ausgewrungen wurde. Ihre Walzen mussten ebenfalls per Handkurbel angetrieben werden.

Endlich konnte die Wäsche im Hof oder Garten zum Trocknen aufgehängt werden, bei schlechtem Wetter trug man den Wäschekorb hoch auf den Boden. Damit die Leinen mit dem schweren Bettzeug nicht so durchhingen, benötigte man **Wäschestützen**. Das waren lange Holzstangen mit einer Einkerbung am oberen Ende. Wenn man Glück hatte, war die Wäsche am Abend trocken und konnte **gelegt** werden, d.h. sie wurde akkurat zusammengefaltet und mit Wasser besprengt, damit sie sich besser „**rollen**" ließ. Dazu gab es in den Stadtgebieten die so genannte **Wäschemangel**, die vielerorts bereits elektrisch angetrieben wurde. Die bei uns im Vorort hatte noch eine Kurbel. Also Handbetrieb. Das war meine Aufgabe. Meine Mutter wickelte jedes Wäschestück mit Mangeltüchern auf hölzerne Walzen. Diese wurden unter ein Kastenungetüm geschoben, das sich über die aufgerollte Wäsche walzte. Durch den Druck wurde die Wäsche wunderbar glatt und weich, und sie verströmte einen Duft, den heute kein Waschpulver oder Weichspüler erzeugen kann.

Eine auf einem Dreibein stehende Zinkwanne mit Ablauf und ein Waschbrett gehörten zur Standardausstattung der großen Wäsche.

Wäsche waschen wurde etwas erleichtert:
Die Bottichwaschmaschine half dabei ...

... und schließlich die Waschmaschine „Schwarzenberg"

Als in den 60er Jahren allgemein die elektrische Waschmaschine Einzug hielt, war das eine große Erleichterung. Mit einer solchen „**Schwarzenberger**" – genannt nach ihrem erzgebirgischen Herstellungsort – ließ sich übrigens auch trefflich Obst einwecken. Das ging dann mit den halb- und vollautomatischen Maschinen nicht mehr. Die zunehmende Ausstattung der Haushalte mit vollautomatischen Waschmaschinen hatte zur Folge, dass nicht mehr in der Gemeinschaftswaschküche, sondern im eigenen Bad gewaschen wurde. Waschküchen wurden nicht selten zum Partyraum bzw. **Hausgemeinschaftsraum** umfunktioniert. Auf diese Weise ging es nach wie vor feucht zu, nun aber feucht-fröhlich.

Und sonnabends wurde gebadet

In vielen Ein- und Mehrfamilienhäusern aus der Vorkriegszeit sowie den Neubauten der 50er Jahre gehörten Innen-WC und Bad zum Standard. Auch **Gemeinschaftsbäder** in den Kellerräumen waren für ältere Mehrfamilienhäuser nicht untypisch. Meist waren diese Häuser jedoch nicht am zentralen Fernwärmenetz angeschlossen.

Sonnabends war Badetag ...

... später in der Plaste-Wanne

Babys badete man mitunter gleich im Waschbecken

Für eine Badewannenfüllung musste der **Badeofen** mit Holz und Kohle gefüttert oder Wasser auf dem Gas- oder Elektroherd erwärmt werden. In vielen Familien wurde das heiße Wasser einer Wannenfüllung aus Sparsamkeitsgründen für mehrere Badeteilnehmer genutzt.

Dieser kleine Luxus galt allerdings nicht für Altbauten, wo das **WC** meistens im **Treppenhaus** zu finden war, im Winter die Wasserrohre leicht einfroren und im Sommer teilweise der Wasserdruck sehr niedrig war. Hier blieb nur das Anheizen der Kessel in Waschküchen oder das bereits genannte Wassererhitzen in der Küche übrig, um in einer **Zink- bzw. später der Baby(plaste)wanne** ein partielles Bad zu nehmen. Wer es sich leisten konnte, nutzte ein **öffentlichen Bad**, zum Beispiel das in der „**Krankenkasse**".

Das alte Geraer Hallenbad war zwar klein, aber gut besucht, es ist inzwischen abgerissen worden. Als Alternative zum Sonnabend-Badetag in der häuslichen Küche war der Besuch im Hallenbad sicher für viele eine Abwechslung

Bleichen, Teppiche klopfen

Vor allem in den Vororten wurde die Wäsche noch **gebleicht**. Hauptsächlich das Bettzeug wurde dazu auf dem Rasen ausgebreitet, alles andere übernahm die Sonne. Wenn die Frauen in der Stadt ihre Wäsche bleichen wollten, mussten sie allerdings genau die Windrichtung beachten. Gera wurde einmal als „**Stadt der 1000 Essen**" gerühmt, ganz so viele waren nach dem Krieg zwar nicht mehr im Betrieb, aber der Dreck, den sie in die Atmosphäre schickten, reichte manchmal aus, um der Bettwäsche statt einem strahlenden Weiß die ärgerlichsten Verfärbungen zu bescheren.

Als weiteres Haushaltsutensil ist der berühmte **Teppichklopfer** vielen in Erinnerung. Die meisten großen Miethäuser hatten im Hof für die Teppiche auch eine dicke Holzstange, auf die die schweren Teile zum Klopfen gewuchtet werden mussten. Gleichzeitig war die Teppichstange ein beliebtes Spielgerät für die Kinder. Allerdings hatten die wenigsten Familien zu jener Zeit Teppiche in ihren Wohnzimmern liegen, es sollte noch eine Zeit dauern, bis man sich wieder Teppiche leisten konnte.

Zunächst ging's langsam aufwärts

Gaststätten, Sommerbad, Wanderwege ...

Ende 1946 hatte Gera über 101.000 Einwohner und war somit in den Rang einer Großstadt erhoben worden. Vorteile brachte das allerdings keine.

Das kleine Mädchen war offensichtlich glücklich über das Brot und wollte es gar nicht wieder hergeben

An Waren des täglichen Bedarfes mangelte es noch allerorten. Eine kleine Verbesserung trat im März 1946 ein. Man durfte auf spezielle Abschnitte der **Lebensmittelkarte** zwei Stück Einheitsseife und 25 Gramm Kern-, Fein- oder Rasierseife beziehen. Feinseife erhielten allerdings nur Familien mit kleinen Kindern, Rasierseife war den Männern vorbehalten. Nach und nach ging es in bescheidenen Schritten bergauf.

Zu Rückschlägen der Versorgung

der Bevölkerung kam es allerdings immer wieder Am 13.5.1953 meldete der Rat der Stadt zum Beispiel Schwierigkeiten in der Brotversorgung; es kam zu Angstkäufen.

Schritt für Schritt normalisierte sich das Leben aber. 1947 öffnete zum Beispiel das „**Kleine Haus**" des Theaters im ehemaligen „**Palmengarten**" in der **Zschochernstraße**, das wiederhergestellte **Sommerbad** nahm seinen Betrieb auf, im **Hauptbahnhof-Gebäude** war ein **50-Betten-Hotel** eingerichtet, und ein Jahr später kam der „**Ferberturm**" hinzu, der Botanische Garten lud wieder zum Besuch ein, und das **Roschützer Bad** öffnete ebenfalls seine Tore.

Das Geraer Sommerbad, immer gut besucht

Gaststätten – Lebensmittelkarten und „Stöpselgeld"

An Fernsehen war noch lange nicht zu denken, und so ging es am Wochenende mit Kind und Kegel in die freie Natur. Von **Untermhaus** bis nach **Milbitz**, über die **Franzosenbrücke**, schließlich bis zum **Tinzer Park**. Der Wanderweg wurde als **Nordpfad** bezeichnet. Der **Südpfad** war ein zweiter Wanderweg der Geraer und hatte den „**Wintergarten**" als Startpunkt. Dann ging es über den **Pfortener Berg**, **Pforten** und die **Lasur** ins **Gessental**, durch **Collis** und **Zschippern**, den **Zaufensgraben** entlang bis zum **Botanischen Garten**. Durch den **Zaufensgraben** führte die Strecke der **Wuitz-Mumsdorfer Eisenbahn**.
Ähnlicher Beliebtheit erfreute sich der **Stadtwald** mit seinen vielen alten Bäumen. Eine Einkehr in der nächstgelegenen **Gaststätte** war wieder möglich geworden, vor allem in **Ernsee**, aber auch die „**Käseschenke**" und viele andere kleine Gaststätten mit oder ohne **Gartenlokalität** füllten sich wieder. Man musste allerdings noch lange Zeit seine **Lebensmittelkarte** mitbringen, wenn man in den Gaststätten etwas essen wollte. Das geliebte Bier war schon wieder zu haben, und ein Schnäpschen gab es auch. Wer sein eigenes Getränk mitgebracht hatte – was nicht gern gesehen wurde –, musste einen kleinen Obolus entrichten, für den sich der Name „**Stöpselgeld**" eingebürgert hatte.

Töpfergasse – berühmt-berüchtigt

Die Geraer sind hilfsbereite Leute. Man kann sie ruhig ansprechen, sie er-läutern gern und umfassend den richtigen Weg. „Erst nach links, dann leicht nach rechts, wieder links ... Und dann sind Sie da." Manchmal klappt es. Wer allerdings nach der Töpfergasse fragte, erzielte meist eine ungläubige Miene bei seinem Gesprächspartner. Sie stand im Ruf, ein Zentrum der Prostitution, von Schwarzhändlern und Herumtreibern zu sein. Mehrmals organisierte die Polizei – meist um Mitternacht – in einigen dortigen Etablissements Razzien. Man hatte offenbar genug zu tun, denn es wurde eine eigene Abteilung „Sit-tenpolizei" geschaffen.

Aber auch die anderen Abteilungen hatten viel zu tun. Wer zur Selbsthil-fe griff, lebte gefährlich. Das musste auch der Schuster M. erleben, der sein Stück Land zwischen den Kasernen am Steinertsberg nachts beobachtete und vermutlich von Dieben ermordet wurde.

Auch andere Kapitalverbrechen beschäftigten die Polizei. Im Oktober 1946 wurden in einer Wohnung auf der Sorge zwei Tote aufgefunden. Die Frau hatte dem Mann offenbar Schlaftabletten verabreicht und ihm anschließend erwürgt. Daraufhin setzte sie ihrem Leben selbst ein Ende.

Geliebte „Qui" eröffnete wieder

Mit der Währungsreform in der Bundesrepublik und der darauf eingeführten neuen Währung in der „Ostzone" am 16. Juni 1948 und schließlich der Ausru-fung des Staates „Deutsche Demokratische Republik" waren weitere Schritte zur Zementierung der Teilung Deutschlands getan.

Die städtischen Behörden in Gera bemühten sich allerdings nach Kräften, das Leben der Bevölkerung spürbar zu verbessern.

Und schon wagte man wieder mal ein Tänzchen im Freien, hier sogar in lustigen Ver-kleidungen

Neue Buslinien in die Vororte wurden in Betrieb genommen, im Januar 1950 wurde auf den Liegewiesen des **Sommerbades** eine **Eisbahn** gespritzt, und am 7. April 1950 eröffnete die „**Quisisana**" wieder. Fünf Jahre lang hatten die Geraer auf die beliebte Gaststätte verzichten müssen. Nun war sie wieder da – mit ihrem ihr eignen Flair, das aus Caféhaus-Musik, Unterhaltung und einer der Zeit entsprechenden guten Gastronomie bestand. Die Geraer liebten ihre „**Qui**". Hier konnte man bei einer Tasse Kaffee auch gemütlich seine Zeitung lesen oder kam mit dem Tischnachbarn ins Gespräch.

Im neuen Stadion – Gera gegen Jena 4:2

Und der Sport? – Gera sollte endlich ein ordentliches Stadion erhalten, den Namen „**Stadion der Freundschaft**" hatte man schon ausgesucht. Und so wurde am 3. Juni 1950 der erste Spatenstich vollzogen. Aus allen Himmelsrichtungen marschierten Sportlerinnen und Sportler aus allen Sportgemeinschaften vom **Platz der Republik** aus zu den **Hofwiesen**. Dort wurde sogleich der erste Arbeitseinsatz geleistet. Mit Hacke und Schaufel gingen die Sportfans ans Werk. Die Bauarbeiten zogen sich über zwei Jahre hin. Der 17. August 1952 war dann aber der große Tag der Eröffnung, auch wenn sich Restarbeiten noch zwei Jahre hinzogen. Rund 600 Aktive und Tausende Sportbegeisterte kamen zur Eröffnung und erlebten neben Leichtathletik-Wettkämpfen mit Sportlern aus Gotha und Plauen auch ein Fußballmatch, bei dem die Geraer den Oberligakonkurrenten Motor Jena mit 4:2 besiegten. Der Jubel war riesengroß.

Erste Ehrung für Otto Dix

Die DDR-Staatsführung rückte immer mehr von ihrer ursprünglich vertretenen Forderung „Deutsche an einen Tisch" ab und grenzte sich Schritt für Schritt von der Bundesrepublik ab – wie es auch umgekehrt geschah.

Doch gab es immer wieder auch mal Lichtblicke. Gera erinnerte sich an seinen großen Sohn, den bildenden Künstler Otto Dix, der am 2. Dezember 1891 in Untermhaus das Licht der Welt erblickt hatte und nun in Westdeutschland lebte. Nach ihm sollte in Gera eine Straße benannt werden. Vielleicht hat dabei die Überlegung eine Rolle gespielt, dass Dix ein Arbeiterkind war. Der Vater war in einer Eisengießerei als Former tätig, die Mutter als Näherin. Der Künstler, der als Dekorationsmaler ausgebildet worden war, sah sich jedenfalls immer als Arbeiterkind.

Otto Dix stimmte am 7. August 1950 der Verleihung seines Namens an eine Straße im Stadtteil Untermhaus zu. Er schrieb dazu an den damaligen Geraer Bürgermeister Clement Toepel:

„Sehr geehrter Herr Bürgermeister! Es ist eine große Ehre für mich, daß meine Vaterstadt eine Straße auf meinen Namen benennen will. Ich danke Ihnen herzlich dafür und gebe für dies meine Zustimmung. Hochachtungsvoll Otto Dix".

Von 1947 bis 1966 weilte Prof. Dix jährlich zu Arbeitsaufenthalten in Dresden, seine Heimatstadt hat er allerdings nur selten besucht.

1959 erhielt er zusammen mit Ernst Jünger das Bundesverdienstkreuz. Für den Nationalpreis der DDR war er bereits 1950 erfolglos vom Geraer Kulturbund vorgeschlagen worden. 1966 wurde ihm die Ehrenbürgerschaft der Stadt Gera verliehen. Er bemerkte dazu in freier Abwandlung eines Goethewortes: „Ich möchte nicht viel Worte machen: Ein Künstler bildet, redet nicht!"

Der Autor dieses Buches führte damals ein ausführliches Pressegespräch mit Professor Otto Dix

Während der gesamten Verleihungszeremonie zeigte sich Otto Dix beeindruckt, war sich seines Wertes durchaus bewusst. Dem Autor des vorliegenden Buches gewährte er ein Interview für die „Thüringische Landeszeitung" und ließ sich auch fotografieren. Das war damals das einzige umfangreiche Gespräch Dix' mit Geraer Pressevertretern.

Dix war bekannt dafür, dass er kein Blatt vor den Mund nahm. So fragte er einmal während eines Gera-Besuches in echter Gerscher Mundart: „Gibt es denn die ‚Töppergasse' noch?" Gemeint war natürlich die „Töpfergasse", der einstige Mittelpunkt des Geraer Rotlichtviertels.

Dix starb am 25. Juli 1969 in Singen am Hohentwiel. Sein Grab befindet sich in seiner Wahlheimat Hemmenhofen.

Seit 1991 ist sein Geburtshaus am Mohrenplatz Museum. Heute trägt Gera den Namen „Otto-Dix-Stadt".

Grüne Klöße sind gefährdet

Mit der vom Gesetz geforderten „weiteren Demokratisierung" ging es Schlag auf Schlag. Als erste Schädlinge wurden die Kartoffelkäfer wieder an die ideologische Front geholt. Sie hatten bereits 1946 als Verursacher von Versorgungsengpässen herhalten müssen. Angeblich waren sie von den Amerikanern abgeworfen worden. Es folgte ein leidenschaftlicher Aufruf an die Geraer, den massenhaft auftretenden Käfer einzusammeln und zu erledigen. Das wurde unter ein die Geraer berührendes Motto gestellt: „Die grünen Klöße sind gefährdet". Das wollte natürlich niemand. Schließlich wurde sogar eine Prämie gezahlt. Für einen eingesammelten und abgegebenen Kartoffelkäfer gab es einen Pfennig. Die am 15. August 1952 erstmals als „Organ der Bezirksleitung Gera der Sozialistischen Einheitspartei Deutschlands" erschienene „Volkswacht" hatte damit schon ein gutes Thema, um die Aktion anzuheizen.

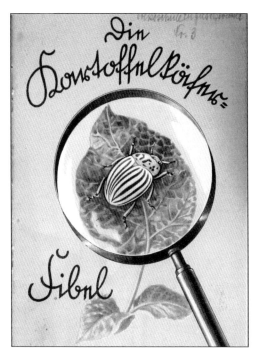

In der „Kartoffelkäfer-Fibel" aus alten Beständen konnte man alles über den Schädling nachlesen

Großhändler als Schuldige

Schließlich wurde man etwas konkreter, was unter Demokratie und dem Aufbau des Sozialismus zu verstehen war. Nachdem bereits unter der Regie der Besatzungsmacht zahlreiche Unternehmen unter Zwangsverwaltung gestellt worden waren, kam jetzt der nächste Schritt.

Versorgungsprobleme waren in der Stadt an der Tagesordnung und gar nichts Besonderes. Aber man hatte gerade den Aufbau des Sozialismus verkündet, da wurden wichtige Grundnahrungsmittel wie Fleisch, Gemüse, Butter und Margarine besorgniserregend knapp. Die Schuld wurde den Großhändlern in die Schuhe geschoben, 15 Geraer Großhändler wurden kurzerhand inhaftiert und ihr Vermögen von etwa 45 Millionen Mark beschlagnahmt.

Mehr Butter und Gemüse hat das nicht gebracht, aber man hatte mit der DDR-weiten Aktion wenigstens etwas „Kaufkraft" abgeschöpft, weil nämlich der Lohnfond der Betriebe um 500 Millionen Mark überzogen worden war.

Inzwischen tauchten immer mehr Autos der Typen **F 8**, **P 70** und später die begehrten **Trabis** und **Wartburgs** im Stadtbild auf, sodass das Sinnen und Trachten der Staatsführung darauf gerichtet war, wenigstens Benzin und Getränke immer bereitzuhalten. Das mit den Getränken war auch nicht einfach, denn wenn die Temperaturen im Sommer anstiegen, kamen die Brauereien in Gera und im

benachbarten Bad Köstritz mit der Produktion nicht nach. Dann wurden Sonder-
schichten in den Brauereien anberaumt, was in vielen Fällen auch nichts half,
denn dann fehlte es wieder an Leergut, um weitere Flaschen füllen zu können.

Muckefuck und echter Kaffee
Sparen, sparen und nochmals sparen

Im Herbst 1952 wurde der Rohbau einer großen **Werkhalle** für das **Geraer
Werkzeugmaschinenwerk Union** in **Langenberg** gefeiert. Es war das erste Gebäude, das mit Betonfertigteilen errichtet wurde. Die „**Wema**" entwickelte
sich im Laufe der Jahre zu einem modernen und leistungsfähigen Unternehmen,
das es durchaus mit westlicher Konkurrenz aufnehmen konnte.
Am **Waldkrankenhaus** wurde eine Entbindungs- und Wochenstation eingerichtet, die **Pioniersternwarte** in der Geschwister-Scholl-Straße übergeben, die mo-
dernste Technik von Zeiss aus Jena erhielt. Spöttisch wurde damals kommen-
tiert: „**Hier sieht man den Sozialismus in den Sternen**".

*Das Terrassencafé Osterstein, eines
der größten NAW-Objekte*

Das „**Nationale Aufbauwerk**"
(NAW) richtete man ein. Und an
einem Wochenende des Monats
März 1953 wurden von freiwilligen Helfern über 11.000 Ziegel
geputzt und viele andere kleine
Objekte fertiggestellt. Im „Wett-
bewerbsprogramm" jeder Brigade
oder Vereinssparte waren entsprechende Zielstellungen vorgesehen. Über eine längere Zeit gab es auch kleine „**Wertmarken**", die man auf ein **Sammelblatt** kleben
konnte. Die Mehrzahl der Helfer hat die freiwillige Arbeit gern getan, auch wenn sich
die Lebensbedingungen zu der Zeit zunehmend verschlechterten. Die SED reagierte
mit einem „**Feldzug der Sparsamkeit**". Die Zeitungen verkündeten das neue Motto und ergänzten: „**Sparen mit jeder
Minute, mit jedem Gramm und
jedem Pfennig**". Engpässe waren an
der Tagesordnung. Nun verdüsterte
sich auch die Stimmung der Geraer
von Tag zu Tag.

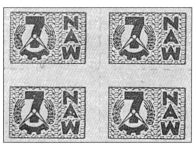

*Für jede Stunde freiwilliger Arbeit
im Rahmen des „Nationalen Aufbauwerkes" gab es als Nachweis einen
kleinen Aufkleber*

Kaffeeduft rund um Kaffee-Richter

Da half es auch nichts, dass die „**Volkswacht**" verkündete, dass **Rohkaffee** jetzt überall zu erhalten sei. Allerdings musste man ihn selbst rösten.

„Der **Kaffee-Richter**, hoch die Tasse, ist jetzt in der Böttchergasse", war nun Kaffee-Richters neuer Werbespruch. Es hätte dieser Werbung gar nicht bedurft, denn die gesamte Umgebung war in einem herrlichen Kaffeeduft gehüllt.

Kaffee gehörte fortan zum Standardsortiment und war neben dem Bier das beliebteste Getränk der Geraer. Auf der Arbeit, zu Hause oder im Kaffee-Haus.

Das ging so lange, bis die Devisen wieder äußerst knapp waren und das duftende Getränk nur noch in Devisenhotels, Interhotels und einigen ausgewählten Gaststätten zu bekommen war.

Für den Bedarf der Bevölkerung hatte man später aber in Eile den **Mix-Kaffee** erfunden, der neben einem geringen Anteil der begehrten Bohnen irgendwelche anderen Zusätze erhielt. Der Grundstoff war gemahlen, sodass man seine Zusammensetzung lediglich erahnen konnte.

Aber niemand hatte mit der Tücke der Technik gerechnet. In mehreren **Cafés** der **Straße des 7. Oktober**, auf der **Sorge** und vielen anderen Cafés versagten die Kaffeemaschinen nicht nur klanglos ihren Dienst, sie explodierten regelrecht. Man war gewarnt, **Kaffee-Mix** blieb in den Regalen, niemand kaufte ihn mehr.

Das Kaffee-Verbot wurde zurück genommen, und die Regale füllten sich wieder mit „**Rondo**", „**Mona**", „**Gold-Mokka**" und einigen anderen Sorten. Nur wenige tranken nun noch ihren „**Muckefuck**".

Hotels, Kneipen, Cafés

In den 50-er und 60-Jahren öffnete eine Gaststätte nach der anderen. In **Untermhaus** luden die „**Walhalla**" mit Gartenbetrieb und das „**Deutsche Haus**" ein, ergänzt durch die „**Bavaria**" und das „**Theatercafé**". Absoluter Renner – und das bis zur Wende – war der „**Wintergarten**", als Ballhaus mit großem Saal und mehreren anderen Gasträumen. Der „**Lindenhof**" in **Scheubengrobsdorf** war besonders bei jungen Gästen sehr beliebt, in der Mühlengasse die „**Klotzmühle**".

Im Stadtzentrum hatte man damals die Qual der Wahl: „**Café Handtuch**" (das eigentlich den korrekten Namen „**Café Zeller**" trug, war ein beliebter Treffpunkt vor allem der Handwerker), „**Stadt Dresden**" und natürlich der „**Schwarze Bär**".

Sportlerinnen und Sportler zog es ins „**Sportlerheim**" an den Hofwiesen zu „**Hardy**", den jeder kannte, aber niemand wusste, wie er mit bürgerlichem Namen hieß. Als die Gaststätte wegen der Umgestaltung des Parks abgerissen wurde, nahm „Hardy" seine Stammgäste mit in die „**Köstritzer Bierstube**" am Sachsenplatz. Und sicher gab es noch einige Gaststätten mehr, die wir hier nicht sämtlich aufzählen können.

Versorgungsmängel und Stalinkult

Das Jahr 1953 wurde zu einem Schicksalsjahr in der Geschichte auch unserer Stadt. Bis Mitte des Jahres waren allein aus dem Bezirk Gera knapp 6000 Einwohner nach Westdeutschland geflohen. Mit Sorge vernahm man die neuesten Meldungen:

Arbeiter der **Wema-Union** und der **Wismut** bezeichneten die Erhöhung der Fahrpreise für Arbeiter-Rückfahrkarten als Willkürmaßnahme;

im **RFT-Kondensatorenwerk** wurde über die Erhöhung der Arbeitsnormen geklagt, in den **HO-Läden** fehlten nicht nur Butter, Margarine und Öl, es gab auch keine Windeln für die Babys, selbst Eimer und Löffel waren aus den Sortimenten verschwunden.

Im Küchengarten entstand der „Stalin-Tempel"

Nach dem Tod des Sowjetdiktators wurde ein bisher nicht bekannter Kult um Stalin entfacht. Im **„Park der Opfer des Faschismus"** (heute Küchengarten) wurde der Grundstein für eine **Stalin-Gedenkstätte** gelegt. Die „**Gerschen**" hatten dafür schnell die Bezeichnung „**Stalin-Tempel**" gefunden. Zur Mitfinanzierung des Projekts hatte man sogar eine eigene Postkarte eilig gedruckt, die für zehn Pfennig verkauft wurde. Schon im September wurde das Denkmal eingeweiht.

Das Denkmal für die Opfer des Faschismus, ebenfalls im Küchengarten

Bezirkshauptstadt ...
... im Ausnahmezustand

Eine neue Nachricht überraschte die Geraer: Am 1. August 1952 wird **Gera Bezirkshauptstadt**. Auf Grund eines Gesetzes der DDR-Volkskammer und des Thüringer Gesetzes über die weitere Demokratisierung des Aufbaus des Sozialismus und der Arbeitsweise der Staatlichen Organe des Landes Thüringen wird analog zu den anderen Ländern der DDR das Land Thüringen aufgelöst und in die Bezirke Erfurt, Gera und Suhl aufgeteilt.

Vorher hatten die Politik-Oberen lange über die geplanten Bezirkshauptstädte diskutiert. Das Pendel in Ostthüringen bewegte sich lange zwischen **Jena** und **Gera**. Dann aber machte die Stadt an der Elster wegen ihrer langen Arbeitertradition das Rennen.

Der neu geschaffene Bezirktag wählte **Lydia Poser** einstimmig zur Vorsitzenden des Rates des Bezirkes. Sie hatte ihre größte „Bewährungsprobe" während des Arbeiteraufstandes 1953 zu bestehen.

Anfang des Jahres 1953 war es wieder zu Angstkäufen von Mehl und Teigwaren gekommen. Einerseits war die Versorgungslage der Bevölkerung schlechter geworden. Andererseits wurden die Arbeitsanforderungen an die „Werktätigen" erhöht.

Das Fass lief über

Die Stimmung vieler Geraer war trotz aller Propagandamaßnahmen auf dem Nullpunkt angekommen, das Murren wurde immer lauter, die Unzufriedenheit wuchs von Tag zu Tag.

Als es neben den Problemen in der Industrie auch noch zu Ablieferungsschulden der Bauern kam, wurden innerhalb eines Vierteljahres im **Bezirk Gera** 117 Verfahren gegen Großbauern eröffnet. Allein 73 aus dem Raum Gera flohen in den Westen, um sich der Zwangkollektivierung zu entziehen.

Oberschüler, die sich in der **Jungen Gemeinde** engagierten, wurden unter Vorwänden mit „gemeinnütziger Arbeit" oder Exmatrikulation bestraft. Schließlich brachten immense Normerhöhungen das Fass zum Überlaufen.

Erste Forderungen waren:
Verbesserung der Versorgung
Neuwahl des Bezirkstages und der Stadtverordneten
Verkleinerung des Apparates der SED

Weitere Forderungen der Arbeiter in Gera nach dem 17. Juni, Arbeiter des VEB Geraer Kompressorenwerk I und des VEB Roto-Record:

1. Senkung der HO-Preise um 40 Prozent
2. Erhöhung der Renten
3. Rücktritt von Ulbricht und Grotewohl
4. Aufhebung der Staatssicherheit

---

5. Freilassung aller politischen Gefangenen, außer Kriegsverbrechern
6. Abschaffung der Stromsperren
7. Kürzung der Gehälter der KVP
8. Keine Repressalien gegen anwesende Personen am 17. Juni
9. Bezahlung der streikbedingten Lohnausfälle
10. Bessere Verteilung der Lebensmittel ...
(Quelle: LPA – A Gera PDS IV/4/03/187)

Arbeiter gegen die Staatsmacht

Noch am 11. Juni 1953 hatte der Ministerrat einen „neuen Kurs" verkündet. Von einer Rücknahme der Normerhöhungen war allerdings nicht die Rede. Fünf Tage später kam es in Berlin zu Streiks, die sehr schnell auf die gesamte DDR übergriffen und bald auch **Gera** erreichten.

Am 17. Juni streikten Arbeiter aus fast allen Geraer Großbetrieben, ein Demonstrationszug wurde gebildet, der auch zum Sitz des **Rates des Bezirkes** in der Straße des 7. Oktober (Schloßstraße) führte.

So waren zunächst etwa 2000 Arbeiter auf den Straßen. Am Nachmittag erhöhte sich die Zahl auf um 6000. Der Zug erreichte den Rat des Bezirkes. Angeblich sprach **Lydia Poser** mit 15 abgeordneten Demonstranten. Andere erzählen, dass nur eine **Abordnung des Rates des Bezirkes** mit Arbeitern sprach, **Lydia Poser** selbst aber sich klammheimlich durch eine Hintertür verdrückte.

Mutige Wismut-Kumpel

Ein Arbeiter hielt vor den Demonstranten eine Ansprache und forderte die Auflösung der Staatssicherheit, der Grenz- und Volkspolizei, die Freilassung der politischen Gefangenen und die Senkung der Arbeitsnormen.

Und als die Sowjets schon den Ausnahmezustand verhängt hatten, protestierten Arbeiter von Wismut mutig weiter. Sich bedrängt fühlende sowjetische Soldaten gaben sogar Warnschüsse ab.

Die **Wismut-Kumpel** zeigten sich zunächst furchtlos gegen die Staatsmacht. So drangen einige Demonstranten ins Rathaus ein, um sich des **Stadtfunks** zu bemächtigen. Das Vorhaben scheiterte, doch dem **Oberbürgermeister Böhme** riss man bei der Aktion kurzerhand das Parteiabzeichen vom Revers. Vor der **Untersuchungshaftanstalt** Greizer Straße versuchten ca. 120 Demonstranten in das Gebäude einzudringen und die Inhaftierten zu befreien. Es gab gewalttätige Auseinandersetzungen mit der Volkspolizei.

Teilweise griffen die Arbeiter auch Einsatzwagen der Feuerwehr an, stürzten sie um und zerschnitten die Schläuche. Noch in den Abendstunden wurden einige Demonstranten festgenommen.

Ein Geraer Architekt erinnert sich an eine „**Bau-Brigade**" aus einem kleinen Handwerksbetrieb. Während Arbeiter der „**Bau-Union**" unterwegs waren, um sich an den Streiks zu beteiligen, bauten sie in der **Handwerksstraße** seelenruhig weiter. Die Leute von der „Bau-Union" erkundigten sich, was die kleine Truppe überhaupt baut. Sie bekamen zur Antwort: „Ein Haus für die Adventisten-Gemeinde". Darauf die Streikenden: „Im Sozialismus eine Kirche zu bauen, ist auch schon eine Art Protest." Der Bau der Kirche wurde daher nicht unterbrochen. Die Streikenden ließen sie weiter bauen.

Sowjetarmee in Geras Straßen

Schon gegen 17 Uhr hatte der russische Stadtkommandant den **Ausnahmezustand** verhängt, Panzer „zerstreuten" die Menge. Trotzdem zogen zur gleichen Zeit **Wismut-Arbeiter** durch die Stadt. Polizei, Staatssicherheit und die russische Armee nahmen 42 Personen fest.
Mit der Verhängung des Ausnahmezustandes und der Präsenz der sowjetischen Armee in den Straßen Geras wurden die Unruhen in der Stadt beendet. In den nächsten Tagen kam es zu Sperrstunden für die Bevölkerung, die allerdings nach und nach verringert wurden.

Befehl

des Chefs
der Militär-Garnison des Stadt- und Landkreises Gera

Nr. 1

Über die Stadt wird der
Ausnahmezustand verhängt

Jegliche Demonstrationen und jede
Menschenansammlungen sind verboten

Im Falle des Widerstandes wird von den
Waffen Gebrauch gemacht

Der Chef der Garnison Gera
Oberst Aktschurin

Gera, den 17. Juni 1953

Über Gera wird am 17. Juni 1953 der Ausnahmezustand verhängt

Immerhin rief die Parteiführung eine Kommission ins Leben, um die Versorgungslage zu verbessern. Es kommt aber auch zu weiteren zahlreichen Verhaftungen. So wurde am 19. Juni im **Betrieb Schulenburg** kurzzeitig gestreikt. Ausgelöst wurde der Streik durch die Festnahme eines Belegschaftsmitgliedes. Am selben Tag wird wegen der Beteiligung an den Unruhen in Jena ein Mann zum Tode verurteilt ... Die Staatsmacht schlug unnachgiebig zu.

Konkret hörte sich das so an:
„Aus der Anklageschrift vom 29.06.1953 gegen Werner Gerd, Franz Werner und Rudolf Senf: Werner Gerd, in Haft seit 22.06.1953 in der MfS-U-Haftanstalt, Franz Werner seit 19.06.1953 und Rudolf Senf seit 20.06.1953 werden angeklagt wegen Boykotthetze gegen demokratische Einrichtungen und Organisationen sowie Kriegshetze betrieben und dadurch den Frieden des deutschen Volkes und der Welt gefährdet zu haben. Sie haben wüste Hetze gegen die DDR getrieben und waren die Hauptmacher des faschistischen Gewaltaktes in der Bezirkshauptstadt Gera. Sie haben die Arbeiter des NKM, der Teppichfabrik, der Schraubenfabrik und der UNION sowie des RFT-Werkes zu diesem faschistischen Putschversuch aufgefordert, sich gegen die Regierung zu richten, wobei sie eine unter den Werktätigen vorhandene Missstim-

mung dazu missbrauchten, einen hinterhältigen Schlag gegen die Einheit Deutschlands und den Frieden Europas zu führen."

Fernschreiben - Fernspruch - Funkspruch

|Nr. 30| Angenommen durch Weißel am 17.7.53 Uhrzeit 6.30 | weiter an | Datum | Zeit | durch wen | Aufgenommen von Arlin durch am 17.7.53 Zeit 6.14 | Rang-zeichen: |

Gera, den 18.7. 19 53

Absender: Bezirksverwaltung des MfSt G e r a - Abtlg. XII

An Ministerium d. MfSt B e r l i n - Abtlg. XII -

BStU 000104

Betreff: FS Nr. 905 vom 26.6.53

Bezug:
1) Gesamtzahl der bis zum 18.7.1953 verhafteten und festgenommenen 250
2) Anzahl der erwirkten Haftbefehle 141
3) Anzahl der dem Gericht übergebenen 101
4) Anzahl der Verurteilten 66
5) davon Anzahl der freigesprochenen 2
6) Anzahl der von den Organen d.MfS entlassenen 1 =148
7) Anzahl der von den Gerichtsorganen entl. 28
8) Anzahl der in Haft verbliebenen 1

(Hoffmann)
Leiter der Abtlg. XII

Liste der in Gera festgenommenen Arbeiter

Nach einigen Zugeständnissen in Sachen Normen, Verbesserung der Ausgabe von Lebensmittelkarten an alle Bürger, Revision einiger Urteile gegen Unternehmer saß die stalinistische Führung wieder fest im Sattel. Der Aufstand war gescheitert.

„Zeitungs-Max" mit „Bück-Dich-Ware"

Die Nachkriegszeit hatte auch viele Originale hervorgebracht, eigenwillige, doch meist liebenswürdige Menschen. So hatte der **Brezel-Mann Richard Starke** vor dem Handelshof-Hochhaus, Straße des 7. Oktober (Schloßstraße), seinen Platz. Auf einem langen Spieß hatte er die Backwaren aufgesteckt oder in einem Korb gelagert und fand immer eine freudige Käuferschaft. Wenn die Ware knapp wurde, versteigerte er die letzten Exemplare manchmal auch zur Gaudi der Umherstehenden.

Einem ganz anderen Metier widmete sich **Max Schwellengräber** („Zeitungs-Max"). Er hatte stets ein dickes Paket unter dem Arm geklemmt, ging durchs Restaurant des „**Schwarzen Bären**" sowie andere Gaststätten und verkaufte seine Tageblätter und Magazine. In Gera erschienen neben der offiziellen SED-Zeitung „**Volkswacht**" inzwischen noch die „**Thüringische Landeszeitung**", die „**Thüringer Neuesten Nachrichten**" und das „**Thüringer Tageblatt**" als Thüringer Zeitungen mit eigenem Lokalteil. Auch der später herausgegebene „**Frische Wind**", aus dem dann der „**Eulenspiegel**" wurde, sowie das „**Magazin**" gehörten zur so genannten „**Bück-Dich-Ware**". Der „**Zeitungs-Max**" verhalf seinen Stammkunden hin und wieder zu einem dieser begehrten Exemplare. Wenn das Geschäft nicht so gut lief, fuhr er schon mal mit dem Zug bis Hermsdorf und zurück. Im Zug fand er dann meist genügend Käufer.

Wohl jeder Geraer kannte den **Postmann Günter Reichel**, der mit seinem Fahrrad als Eil- und Telegrammbote auch bei Wind und Wetter unterwegs war und so etwas wie das Idealbild der Pflichterfüllung war. Viele seiner Stammkunden kannte er persönlich, sodass er hin und wieder auch zu einem Schwätzchen aufgelegt war.

Die Deutsche Post unterhielt neben dem Hauptpostamt später auch in **Untermhaus**, **Bieblach**, **Zwötzen**, **Lusan** und weiteren Stadtteilen Zweigstellen. Geld konnte man noch mit der guten Postanweisung oder Zahlkarte versenden und auch alle anderen Postgeschäfte tätigen. Ein eigener **Geldbriefträger** brachte dann Bares frei Haus vor die Wohnungstür. Die Briefträger hatten keine leichte Arbeit, denn die heute geläufigen Hausbriefkästen kannte man noch nicht. Also hieß es Treppensteigen, bis in die obersten Etagen der Mietshäuser.

Ein bisschen „durchgeknallt"

Die „**Prinzessin**", die sich als Hofdame des Hauses Reuss fühlte, war wohl ein wenig „durchgeknallt", was sicher auch auf den „**Rechten Winkel**" – so nannten jedenfalls die Geraer den Mann –, der die Straße immer schnurgerade (eben im rechten Winkel zur Bordsteinkante) überquerte und sich auf die Kontrolle der Post spezialisiert hatte, zutraf. Ein paar Minuten vor der an den Briefkästen angegebenen Leerungszeit warf er Postkarten ein, die dann in den nächsten Tagen bei ihm eintrudelten. Die Postler waren natürlich genervt, weil der „**Rechte Winkel**" immer genau wusste, wann er die Karten eingeworfen hatte, und dadurch so manchem Postler mitunter Schlamperei nachweisen konnte. Er fühlte sich allerdings auch immer überwacht und bedroht und erzählte hinter vorgehaltener Hand, dass man ihm einen Sender in einen Zahn eingebaut habe.

Schließlich sei noch der „**Pilz-Toni**" erwähnt. Er war ein absoluter Pilzkenner, war bei Wind und Wetter unterwegs (außer wenn er seine Stammkneipe, den „**Süßen Winkel**" auf dem Markt, gerade besuchte) und ernährte sich das ganze Jahr über von den Früchten des Waldes.

Einkaufsspaß bei Wismut ...
... Bausparen fürs eigene Haus

Immerhin verbesserten sich die Einkaufsbedingungen Schritt für Schritt. Im Mai 1955 eröffnete auf dem **Markt** sogar ein **Wismut-Kaufhaus**. Damit wurde ein weiterer Schritt zu einer Art Verselbständigung der „Wismut" fortgesetzt. Neben der eigenen **Handelsorganisation** hatte man schon ein eigenes **Gesundheitswesen** (Bergarbeiterkrankenhaus und Bergarbeiterpoliklinik in Bieblach), eine eigene **Bergbauschule**, die Gaststätte „**Haus des Bergmanns**" und, über allem eine eigene „**Gebietsleitung der SED**" sowie der nachgeordneten Organisationen.

Das „Haus des Bergmanns" – heute befindet sich an dieser Stelle das Novotel-Hotel

Eine Gruppe von Wismut-Kumpel. Sie hatten eine schwere Arbeit
Unter- und Übertage

All das trübte die Einkaufsfreude nicht – ganz im Gegenteil! Bald kam noch ein **Industrieladen** des VEB Geraer Wollen- und Seidenweberei (**Gewosei**) auf dem **Johannisplatz** hinzu.

Weil das Schneidern noch groß in Mode war, gehörten zum Sortiment zahlreiche Stoffe in guter Qualität. Selbst die ersten „Sommer- und Winterschlussverkäufe" wurden bei der HO und dem Konsum abgehalten. Saisonartikel gab es erstmals zu teilweise erheblich gesenkten Preisen.

Kredit aus dem „Hochhaus"

Mit einer ungewöhnlichen Mitteilung überraschte die **Stadt- und Kreisspar-kasse** ihre Kunden: Das Bausparen wurde wieder eingeführt. Erschlossene Grundstücke, die sich in Volkseigentum befanden, wurden sogar unentgeltlich zur Verfügung gestellt, und die so genannten Altguthaben wurden zur Hälfe angerechnet.

Damit war das Sparen wieder attraktiver geworden, und die Zahl der Besucher im „**Hochhaus**" in der damaligen **Straße des 7. Oktober** nahm zu. Früher hatte das Gebäude den Namen „Handelshof" und war seit seiner Inbetriebnahme Sitz von Banken. Es war das erste und lange Zeit einzige Gebäude dieser Art, deshalb hieß es im Volksmund ganz einfach das „**Hochhaus**".

Paternoster – „Spielgerät" für Jung und Alt

Im Gebäude waren auch die wesentlichsten Einrichtungen des **Rates des Bezirkes** untergebracht. Dieser Teil des Eingangs war mit einer Sperre und, wie in der DDR üblich, mit einer Pförtnerloge abgegrenzt. Vor allem auf die Kinder übte etwas ganz anderes fast magische Anziehungskraft aus: Geras einziger **Paternoster**. Es soll aber auch ältere Besucher gegeben haben, die den Ausstieg „verpassten", weil sie einfach die Fahrt durch Boden oder Keller ausprobieren wollten. Später kam ein zweiter Paternoster hinzu. Er befand sich im angebauten Teil (Mehrzweckgebäude) des Rates des Bezirkes, dem die Geraer schnell eigene Namen zugelegt hatten: „**Gelbes Elend**" oder auch „**Chinesische Botschaft**".

Der Paternoster hatte die DDR-Jahre unbeschadet überstanden, von ernstzunehmenden Unfällen konnte keine Rede sein. Wie überall, wo es sie gab, wurden die beiden Paternoster trotzdem auch in Gera abgebaut.

Hochwasser – Schwimmen übern Naumannplatz

Am 7. Juni 1954 wurde Gera von sintflutartigen Niederschlägen heimgesucht. Elsterwasser überschwemmte ganze Stadtteile, vor allem **Untermhaus** und **Debschwitz** waren betroffen.

Das Hochwasser 1954 im Raum Debschwitz

31

Georg Bergner erlebte das Hochwasser und schreibt in seinen Erinnerungen u.a.:

*„Das Hochwasser hatte seinen Höhepunkt erreicht und halb **Untermhaus** überflutet. Als man am Morgen aus dem Fenster sah, breitete sich ringsumher eine große Wasserfläche aus. Der gesamte **Naumannplatz** und die angrenzenden **Curie- und Conradstraße** waren ein einziger See. (...) Irgendwie schaffte es Vater, am Tag in den Garten zu gelangen. Und in Kisten brachte er die Hühner mit, die auf dem Boden einquartiert wurden. Auch der Garten stand unter Wasser. Es gab keinen Strom, man hat sich mit Petroleumlampen und Kerzen beholfen. Am Tag kamen sowjetische Soldaten mit Pontons und verteilten Brot und Milch. Die Leute haben aus den Fenstern Körbe an Stricken heruntergelassen und zogen so die Lebensmittel in die Wohnungen. Im Erdgeschoß stand das Wasser mannshoch, zum Teil waren die Klärgruben ausgelaufen. Dazwischen schwammen Gläser mit Eingemachtem. An einem Abend hatte sich Vater nach **Windischenbernsdorf** zu den Großeltern aufgemacht. Von dort holte er einen Petroleumkocher. Von der Haustür aus musste er über den **Naumannplatz** schwimmen, so hoch stand das Wasser. (...) Meine Schwester war noch nicht einmal ein halbes Jahr alt, deswegen mussten wir warme Mahlzeiten zubereiten.“*

Die Straßen waren nur noch mit Booten befahrbar. Selbst in der **Feuerbachstraße** stand das Wasser bis zu 1. Etage der großen Wohnhäuser. Eine Katastrophe brach herein, sodass selbst die Regierung in Berlin zur Hilfe aufrief. Das Echo war überwältigend. Zeitweise waren rund 8.700 Freiwillige unterwegs, selbstverständlich unter ihnen die Feuerwehr und andere Hilfsdienste. Auch **Soldaten der russischen Armee** waren Tag und Nacht im Einsatz und erwarben sich hohe Anerkennung durch die Bevölkerung.

Der Maler **Rudolf G. Werner** hielt eine Szene mit der Rettung von Mensch und Tier auf einem großen Gemälde fest, dass seinen Platz im **großen Saal** des „**Hauses der Deutsch-Sowjetischen Freundschaft**“ auf dem Markt fand.

Dort hing es bis zur Wende, galt dann als „verschollen“, befindet sich aber jetzt im Zentrallager für Kunst in Königstein.

Das Gemälde von Rudolf G. Werner hing im Großen Saal des Hauses der Freundschaft

Durch das Hochwasser wurden auch die Umgestaltungsarbeiten für den **Biermannplatz** verzögert. Das Gelände war nach dem Krieg als Getreidefeld genutzt worden, 1955 wurde es wieder zur „grünen Insel“ in der Stadt.

Horchen und sehen beim Nachbarn
Radio und TV: Ohr und Auge zur Welt

Die neue Technik machte vor der DDR nicht Halt. Modernere Radios kamen, später auch die begehrten **Kofferradios**. Die Propagandatrommel wurde kräftig gerührt, damit man nicht sein Ohr dem Klassenfeind lieh. Spötter behaupteten, dass die Westsender die treuesten Zuhörer in der DDR hatten. Am häufigsten hörte man später Bayern 3.

Begehrt zu DDR-Zeiten: ein Kofferradio

Anstellen und warten für 'nen Fernseher

Am 3. Januar 1956 hatte das DDR-Fernsehen Sendestart. Da mussten natürlich auch entsprechende Geräte her. Den Anfang machte der „**Rembrandt**" mit einem etwa postkartengroßen Bildschirm. Mit dem Start des Fernsehens war für die **Geraer Lokale** ein goldenes Zeitalter angebrochen. Vor allem die Sportübertragungen sorgten für voll besuchte Gaststätten. Das Bier floss dann in Strömen. Manchmal gab es zwar mehr schwarze Streifen als Bilder, aber das haben die Geraer locker weggesteckt. Tagsüber sah man ganze Trauben von Menschen vor den **Rundfunk- und Fernsehgeschäften**. Es dauerte nicht lange, bis man genau wusste, wann der Liefertag in der **Konsum-Spezialverkaufsstelle** war.

Westantennen waren von den DDR-Oberen nicht gern gesehen, doch ob's was nützte?

Aber keiner wusste, ob fünf oder zehn Geräte geliefert wurden. Also hieß es warten. Es gab auch ellenlange Vorbestellungslisten ohne den geringsten Hinweis auf den Liefertermin.

Antennen waren auch heiß begehrt und deshalb Mangelware. Jetzt wollte man natürlich das **Westfernsehen** in die Stube holen. Geguckt wurde meist, wenn die Kinder schon im Bett waren, denn mancher Lehrer fragte die Kleinen, was sie denn im Fernsehen gesehen hatten.

Westfernsehen nur für Bastler ...

Schließlich wurde am 1. April 1963 das westdeutsche **ZDF** (Zweites Deutsches Fernsehen) gegründet. Logische Folge: Die DDR-Fernsehzuschauer wollten das Programm natürlich auch sehen, aber man brauchte dazu ein Spezialgerät zur Umsetzung der Fernsehnorm und eine vertikale Antenne.

Das Antennenproblem war schnell gelöst, Metallrohre für das Verlegen der elektrischen Leitungen waren erhältlich. Man musste sich nur noch die Bauanleitung und **Bananenstecker** beschaffen, und die Sache hätte geklappt. Woher aber einen **Konverter** nehmen? Das war nun wieder eine echte Herausforderung an die Bastler. Woher sie dann die elektronischen Bauteile bekamen, blieb oft ein Rätsel, aber mit Köpfchen und geschickten Fingern verfrachteten sie die elektronischen Bauteile meist in kleine Holzkästchen, in denen normalerweise gerahmte Dias aufwahrt wurden. Die für den elektrischen Betrieb erforderliche **9-Volt-Batterie** passte zwar nicht mit hinein, daher stand sie meist separat auf oder hinter der kleinen Konstruktion. Die meisten Fernsehnutzer leisteten sich auch noch einen **Regeltrafo**, der die manchmal besorgniserregend niedrige Stromspannung wieder so weit aufpeppte, dass der Empfang klappte. An eine kabellose Fernbedienung war auch noch nicht zu denken, bald kam aber wenigstens ein kabelgebundenes Gerät auf den Markt.

Der Fernsehfunk der DDR ließ es sich nicht nehmen, ebenfalls bald mit einem zweiten Programm aufzuwarten. Das Programm war ausgerichtet „**Für Freunde der russischen Sprache**", so hieß es. Spötter behaupteten allerdings, es sei vielmehr zur Unterhaltung der russischen Truppen geschaffen worden.

Damit das Fernsehbild nicht „zusammenbrach", schaltete man unterschiedliche Regeltrafos vor

... Farbfernsehen ebenso

Das Farbfernsehen wurde erstmals im **Terrassencafé Osterstein** von RFT-Experten gezeigt. Da musste man unbedingt hin! Die für DDR-Verhältnisse sündhaft teuren Geräte hatten noch ihre technischen Tücken. Aber was machte es, die Zuschauer waren begeistert. Doch wieder gab es eine Hürde, die lange Zeit die Gemüter erhitzte: Das DDR-Fernsehen strahlte im französischen Secam-System aus, die Sender der Bundesrepublik mit PAL-Norm. Man konnte also nur wieder mit Hilfe pfiffiger Bastler das Westfernsehen empfangen.
Es vergingen nur Tage, dann hatten sie auch dieses Problem im Griff.

Einer der ersten Fernseher aus der DDR-Produktion

Von Quermann bis Schnitzler

Das DDR-Fernsehen hatte unbestritten echte Highlights für jeglichen Geschmack. Erinnert sei an **Willy Schwabes Rumpelkammer** mit ihren alten Filmen, den **Kessel Buntes** oder die beliebte Weihnachtssendung „**Zwischen Frühstück und Gänsebraten**" mit **Margot Ebert** und **Heinz Quermann**. Zu besonderen Anlässen wurden auch West-Stars eingeladen, was sich allerdings wegen des immer akuten Devisenmangels nicht oft verwirklichen ließ. So war man heilfroh, wenn **Udo Jürgens** statt eines Honorars einen schönen Flügel mit

Heinz Quermann gestaltete mehr als 2500 Sendungen in Funk und Fernsehen, von denen viele bis heute unvergessen sind, so zum Beispiel seine Unterhaltungssendung „Herzklopfen kostenlos"

35

in die Heimat nahm. **Herricht** und **Preil**, **Ponetzky** und für einige Jahre auch **Eberhard Cohrs** durften manchmal die Zustände im eigenen Land aufs Korn nehmen. Wenn sie es allerdings aus Sicht der Kulturoberen zu arg trieben, hatten sie Reue zu zeigen und verschwanden kurzzeitig aus dem Programm, bis wieder Gras über die Sache gewachsen war.

Nicht sehr viele treue Zuschauer hatte **Karl-Eduard von Schnitzler**, der mit seinem „**Schwarzen Kanal**" nach dem Montagsfilm im Programm war. Die Wasserwerker brauchten keine Uhr, denn binnen Minuten stieg die Wasserabnahme sprunghaft an. Warum? Die Fernsehfreunde zogen sich nach dem alten Film am Montag erst einmal aufs stille Örtchen zurück. So wussten alle ganz genau: Der „**Schwarze Kanal**" hatte begonnen. Den wollten nicht unbedingt so viele sehen.

FDJ gegen „Ochsenköpfe"

All das blieb natürlich der Partei- und Staatsführung nicht verborgen. So hatte man dem Westfernsehen den Kampf angesagt, nicht nur ideologisch wurde gegen den „**Ochsenkopf**" vorgegangen, sondern ganz praktisch. Es blieb nicht bei Losungen und Plakaten, sondern ganze Heerscharen von FDJ-lern wurden in Bewegung gesetzt und demontierten die Antennen auf den Dächern. Zusätzlich wurde auch schnell mal ein Plakat auf eine schöne glatte Fläche geklebt, um deutlich zu machen, dass in diesem Haus dem „**Ochsenkopf**" noch Auge und Ohr offen standen, z.B. mit der Aufschrift „Sei kein Tropf, vertraue nicht dem Ochsenkopf". Haustüren schienen dafür wie geschaffen … Die Besitzer waren davon weniger begeistert.

Zuschauerrekorde erreichte das DDR-Fernsehen noch einmal unmittelbar vor der Wende. West-Zeitungen gab es noch nicht zu kaufen, sodass viele Geraer 19 Uhr die „**heute**"-Nachrichten sahen, dann 19.30 Uhr auf die „**Aktuelle Kamera**" umschalteten und schließlich 20 Uhr noch zur „**Tagesschau**" zappten. Spannend wie früher die Krimi-Straßenfeger von **Franzis Durbridge**, aber diesmal absolute Realität und genügend Stoff zu Diskussionen.

… von „Höhlern" und dem Denkmalschutz

Mit ihren „**Höhlern**" hatten und haben die Geraer so ihre Probleme. Schicken sie eine Postkarte mit Fotos der **unterirdischen Bierkeller**, denken die Empfänger oft, dass es sich schlicht beim Wort „Höhler" um einen Schreib- oder Druckfehler handelt. Das war schon früher so und ist bis heute geblieben. Selbst die leistungsfähigsten Rechtschreibprogramme kennen das Wort nicht. Einige „**Höhler**" liegen unter dem Markt und waren im Krieg als Luftschutzbunker benutzt worden. Über Jahre durften keine Besucher in die unterirdischen Bierkeller. Das änderte sich im Januar 1954, als die „Höhler" wieder für die Öffentlichkeit begehbar gemacht wurden.

In „Höhlern" ist es ohnehin kalt, Kälte dort unten ist Sinn und Zweck eines „Höhlers". Da braucht man keine Heizung. Dagegen erfolgte zeitgleich die Mitteilung, dass das „**Schreibersche Haus**" mit dem **Naturwissenschaftlichen Museum** auf dem **Nicolaiberg** wegen der „Nichtbeheizbarkeit" in den Wintermonaten nur noch an Sonntagen von 9 bis 13 Uhr geöffnet sei.

Der Schriftzug des Palast-Theaters. Weitere Kinos gab es in Langenberg und Zwötzen und natürlich das „Metropol"; kurze Zeit existierte sogar ein Zeitkino in der Tonhalle.

Wer die Exkursion in die Unterwelt nicht unternehmen wollte, den zog es vielleicht ins „**Palast-Theater**" oder ins **Konsum-Warenhaus** auf der Sorge, wo Modenschauen die neueste Sommermode für Frauen, Männer und Kinder präsentierten. Durch das Programm führte der allseits beliebte und vom Fernsehen bekannte **Heinz Quermann**.

Wer das Klavierspielen erlernen wollte, dem Akkordeon Töne entlocken oder sein Geigenspiel endlich zur Star-Reife bringen wollte, hatte jetzt bessere Gelegenheit dazu. Die **Musikschule Gera** wurde eröffnet und hatte auf Anhieb 400 eingetragene Schüler.

Der „alte" Simson auf dem Markt

Geld für die Rekonstruktion der von Krieg und Abriss verschont gebliebenen Gebäude hatte man zwar nicht, aber 45 Geraer Gebäude wurden wenigstens in die **Denkmalliste** aufgenommen, dazu gehörten das **Rathaus**, der **Simsonbrunnen**, der **Stadtmauerturm**, die **Salvatorkirche**, das **Schreibersche Haus**, das **Zucht- und Waisenhaus**, das **Stadtmuseum**, die **Orangerie**, das **Tinzer Schloss**, das **Regierungsgebäude** in der Burgstraße, das **Deutsche Haus** am Markt, die **Front der ehemaligen Porzellanfabrik Untermhaus** und die **Wasserkunst**

Gefeiert wurde immer ...
Jubiläen, Jahrestage, Karneval ...

Es war in der DDR Tradition: Gefeiert wurde immer und überall. In der Brigade, zur Verleihung einer Auszeichnung oder eines kollektiven Ordens und natürlich zu Hause oder im Garten.

Und ein Marktfest wurde auch gefeiert

Aber auch die Karnevalsveranstaltungen konnten sich in Gera sehen lassen. Nicht zu vergleichen mit den Hochburgen am Rhein, auch nicht mit dem thüringischen Wasungen, wo der Karneval eine lange Tradition hat, aber auch in Gera war die „**Fünfte Jahreszeit**" zeitweise fester Bestandteil des jährlichen Veranstaltungskalenders.

Riesenstimmung in der „Ossel"

Pünktlich am 11.11., 11.11 Uhr, begann das Karnevalstreiben in der „**Ossel**" (Ostvorstädtischen Turnhalle). Star des Abends war einmal **Milo Barus**, „der stärkste Mann der Welt". Der im Eisenberger Mühltal beheimatete Athlet schaffte es zum Beispiel, ein ausgewachsenes Pferd auf seinen Schultern zu tragen. Außerdem zog er einen Omnibus über eine längere Strecke und versetzte mit seinen Fähigkeiten sein Publikum immer wieder in Staunen.

Immerhin 2500 Geraer erschienen damals zur besagten Faschings-Fete, alle kostümiert. Man hatte keine Kosten und Mühen gescheut und bekannte Künstler aus Funk und Fernsehen eingeladen, so **Heinz Quermann**, **Fred Frohberg** und **Brigitte Rabald**.

Mit den Jahren allerdings erschienen die Karnevalisten den Kultur-Oberen zunehmend suspekt, sodass man meinte, das Programm der Karnevalisten kontrollieren zu müssen, bevor es zur Aufführung kam. Im Ergebnis dessen nahmen die Laune der Karnevalisten und der Ansturm der Besucher von Jahr zu Jahr ab, bis man irgendwann gar nicht mehr öffentlich feierte.

„Steinzeitfasching" 1978

„Oben ohne" in der „Clara"

Als legendär galt später der **EKC-Fasching**. 1977 startete der neu gegründete **EKC** (Erster Karneval-Club 77) nämlich einen neuen Versuch mit durchschlagendem Erfolg. Die Besucherzahl nahm von Jahr zu Jahr zu, die einzelnen Sitzungen mussten mehrmals wiederholt werden, um dem Ansturm der Gäste wenigstens einigermaßen gerecht werden zu können. Veranstaltungslokal war übrigens das Klubhaus „Clara Zetkin" – für die Geraer hieß es kürzer: „**Wir gehen in die ,Clara'**!"
Mit wachem Auge verfolgten die kommunalen Kulturpolitiker das karnevalistische Treiben. Politische Wachsamkeit verbanden sie mit Prüderie. Als die Närrinnen und Narren eine große Muschel auf die Bühne brachten und sich die Schalen öffneten, entstieg eine Schönheit mit einem „**Oben-ohne-Kostüm**".
Das war nun wirklich gegen die sozialistische Moral!

Feiern, Anstoßen und „Täve"

Gefeiert wurde: als der **VEB Gartenbau Gera** auf der Dresdener Frühjahrsblumenschau sechs Gold-, eine Silber- und drei Bronzemedaillen erhalten hatte.

Gefeiert wurde: dass die LPG „**Freunde der Sowjetunion**" in **Roschütz** bereits vier Monate nach ihrer Gründung als Sieger im LPG-Wettbewerb ausgezeichnet werden konnte.

Angestoßen wurde: als die „**Gewosei**" einen eigenen **Betriebskindergarten** eröffnete.

Angestoßen wurde: auf die neue **Enzianschule**. Das alte Gebäude war im Krieg zerstört worden. 1,2 Millionen Mark – damals eine ansehnliche Summe – wurden investiert. Künstlerische Arbeiten von Rudolph, Kiefer und Bauer schmückten das Haus.

Eine schöne Feier gab es auch 1955 zum 75-jährigen Schuljubiläum in Liebschwitz

Schließlich feierte die **Schule** in **Liebschwitz** ihr 50-jähriges Bestehen unter anderem mit einem großen Festumzug der Schüler.

„Täve" Schur gibt in Gera Autogramme

Bei der Internationalen **Zwei-Etappenfahrt Halle–Gera–Halle** siegte **Gustav Adolf Schur**, der als „Täve" **Schur** auch internationale Sportgeschichte geschrieben hat, vor dem Rumänen Dimitrescu. Dritter wurde mit **Lothar Meister II** ein **Geraer**. Der sympathische Sportsmann „Täve" **Schur** war auch in den folgenden Jahren immer ein gern gesehener Gast in Gera.

Die „sozialistische Stadt"
Alte Bausubstanz musste weichen

Der Aufbau des Stadtzentrums stand ab 1958 auf dem Plan, und es sollte ein „sozialistisches Stadtzentrum" werden. An den alten historischen **Roßplatz** sollte nichts mehr erinnern, zumal auch dieses Viertel im Krieg schwere Beschädigungen hatte hinnehmen müssen. Am 29. Juni wurde der Grundstein gelegt. Aus Berlin war dazu nicht etwa der Bauminister angereist, sondern SED-Chefideologe Prof. Albert Norden. Wer sich erinnert: Das war der Mann, der viele Jahre später in Bezug auf Glasnost und Perestroika in der Sowjetunion sinngemäß erklärte, wenn der Nachbar seine Tapeten wechselt, müsse man schließlich nicht dasselbe tun.

Posthumus-Denkmal verschwunden

Empörung unter großen Teilen der Bevölkerung hatte bereits vorher das bei Nacht und Nebel entfernte **Posthumus-Denkmal** erregt. Es war am 20. April abgerissen worden. Vorher hatte es eine gezielte Kampagne der Freien Deutschen Jugend (FDJ) gegeben, in der **Posthumus** verteufelt und verleumdet worden war. Kein Wort dazu, dass es sich um den bedeutsamsten Herrscher des Fürstenhauses Reuss gehandelt hat. Posthumus (1572–1635) hatte sich große Verdienste um die Wirtschaft erworben. Er holte auch Nicolaus de Smit nach Gera, der die Textilindustrie reformierte und zu hoher Blüte führte. Außerdem gründete Posthumus 1608 das Geraer Gymnasium, das heute wieder seinen Namen trägt. – Über den Verbleib des Denkmals gibt es keine gesicherten Erkenntnisse. Wahrscheinlich ist aber, dass die Bronze für das **sowjetische Ehrenmal** auf dem **Ostfriedhof** verwendet wurde.

Das Denkmal von Heinrich Posthumus. Es wurde bei Nacht und Nebel beseitigt

Dem Abriss fielen weiterhin u.a. das Traditionshotel „**Schwarzer Bär**", die **Neustadt**, die **Bebauung** der **Bach- und Bärengasse** sowie die **Gebäude** der **Dr.-Eckener-Straße** zum Opfer.

Eine besonders harte Nuss galt es in der **Dr.-Eckener-Straße** mit dem Gebäude der damaligen **Landwirtschaftsbank** zu knacken. Der robuste, tonnenschwere Tresor gab erst nach mehreren Anläufen seinen Widerstand gegen die „Entsorgung" auf.

Es ging voran

Meldungen: Anfang Januar 1957 verkündete die „Partei- und Staatsführung" neue Erleichterungen. Hauptpunkt war die Einführung der 45-Stunden-Woche.

Die erneuerte **Radrennbahn** in Gera konnte ab sofort auch für internationale Ereignisse genutzt werden. Sie hatte eine Länge von 250 Metern und war sieben Meter breit. Was den Geraern bei der Veranstaltung überhaupt nicht gefiel, war die Tatsache, dass es keine Bratwurst gab – sie gilt schließlich als das Thüringer Nationalgericht. Die Fischbrötchen, die es stattdessen gab, waren mit einem Verkaufspreis von 25 bis 35 Pfennigen für viele zu teuer und eben auch keine echte Thüringer Bratwurst.

Richtfest für Neubauwohnungen: Die AWG „Glück auf" baute in der **Kurt-Keicher-Straße**, in der **Mathilde-Wurm-Straße** und in der **Berliner Straße** Wohnungen für Beschäftigte der Wismut. Die deutsch-sowjetische Aktiengesellschaft hatte enormen Bedarf an Arbeitskräften, die nicht nur in Gera, Ronneburg und Umgebung gefunden werden konnten. Die Unter- und Übertage-Arbeit war schwer, sodass den Kumpel zumindest eine ordentliche Wohnung zur Verfügung gestellt werden sollte. Wer in einen Neubau einzog, gehörte zu den Glückskindern. Der **„Bieblacher Hang"** war als **Bergarbeiter-Wohngebiet** vorgesehen.

O-Bus und die Straßenbahn
„Tricksen" mit der Fahrgebühr

Das vorhandene Netz der Nahverkehrsmittel war an die Grenzen seiner Leistungsfähigkeit gestoßen. Anfang Juni 1959 wurde der Fahrtakt der Straßenbahn erheblich verkürzt. In der Hauptverkehrszeit kamen die Bahnen sogar alle siebeneinhalb Minuten, vorher waren es zehn Minuten. Allerdings fuhren die Straßenbahnen jetzt ohne Schaffner, was die Geraer mit großem Erstaunen zur Kenntnis nahmen. Man hatte seine 20 Pfennig Fahrgebühr in ein Gerät zu werfen und konnte nach Betätigung eines Hebels den Fahrschein entnehmen. Unter einer Plexiglasscheibe war zu sehen, ob man den korrekten Obolus entrichtet hatte oder nicht.
Schnell hatte sich ein Trick herumgesprochen: Wenn man den Hebel dreimal betätigte, konnte niemand mehr sagen, ob man den korrekten Betrag oder gar nichts eingeworfen hatte. Die Direktion der Straßenbahn kam daher auf die rettende Idee: Ein Schild mit der Aufschrift „**Nicht nachhebeln!**" wurde angebracht – Problem gelöst!

Mit Oberleitungsbus elektrisch durch die Stadt

Ab Mai erhielt die Stadt auch ihre alte **O-Bus-Linie** zurück. Die Fahrzeuge fuhren vom **Krankenhaus** über den **Platz der Republik**, den **Markt**, die **Große**

Kirchstraße bis zur **Dornaer Straße**. Das klappte wunderbar, und es störte auch niemanden, dass vor allem an der kurvenreichen Strecke von der **Großen Kirchstraße** in Richtung **Greizer Straße** der Stromabnehmer mit schöner Regelmäßigkeit aus seiner Führung schnappte. Dann stieg der O-Bus-Fahrer aus, zog an einer eigens dafür vorgesehenen Leine; die Stromversorgung war wieder gesichert, und weiter ging die Fahrt. 1977 wurde die O-Bus-Linie wieder eingestellt.

Der letzte Geraer O-Bus

Bei der Straßenbahn hingegen war Ende 1959 der Straßenbahnring **Platz der Republik–Lusan–Zwötzen–Wintergarten** und zurück zum **Platz der Republik**, bezeichnet als „Südring", geschlossen worden. Die Voraussetzungen dafür war die Wiederinbetriebnahme der **Ochsenbrücke**.

Und Ende 1960 wurde auch die **Wendeschleife Tinz** in Betrieb genommen. Dafür waren vor allem technische Gründe ausschlaggebend. Die neuen Bahnen waren „Eine-Richtung-Straßenbahnwagen", die nur einen Fahrerstand im vorderen Triebwagenbereich hatten und so nur in einer Richtung fahren konnten. Das zeitraubende und umständliche Rangieren an der Endhaltestelle war entfallen.

Die Straßenbahn musste in den folgenden Jahren durch die Einstellung der Linie nach **Untermhaus** „Federn lassen".

Die Streckenführung befand sich bis dahin in der Mitte der **Ernst-Toller-Straße** bis zur **Wendeschleife** vor der „**Walhalla**". Hier ging es zwar etwas eng zu, aber die Untermhäuser waren daran gewöhnt.

Schließlich wurde die Straßenbahn durch Busse ersetzt. Diese Entscheidung hatte laute **Proteste** selbst in einigen **Geraer Tageszeitungen** hervorgerufen, weil sich vor allem Frauen und Körperbehinderte darüber beschwerten, dass Kinderwagen und Rollstühle nur schwerlich in die höheren Busse gehoben werden konnten. An der Zunahme der Abgasbelastung durch die ungarischen Busse hatte damals noch keiner gedacht.

Neu eingeführt wurden auch **Spät-Busse** und **-Straßenbahnen**, um vor allem den Schichtarbeitern die Heimfahrt zu sichern. Das kam auch den „Nachtschwärmern" zugute, zumal in den Abendstunden nur schwerlich Taxis zu bekommen waren.

Die Neubauten an der Ernst-Toller-Straße. Die Streckenführung des O-Busses befand sich früher in der Mitte der Straße

Blumentempel hinter der Reichsbahn-Unterführung Ernst-Toller-Straße

Stolze Geraer
Bezirksstadt bekam neue Esse

Das Selbstbewusstsein der Geraer wurde gestärkt, als Gera auch höchst offiziell zur **Großstadt** erhoben wurde. „**Bezirkshauptstadt**" und „**Bezirksstadt**" – das hörte sich gut an. Im Sprachgebrauch der kommenden Zeit gab es dann aber nur noch die Bezeichnung „**Bezirksstadt**", weil es in der DDR nur eine Hauptstadt geben durfte – und das war Berlin – , die in amtlichen Verlautbarungen immer etwas gestelzt die Bezeichnung „Berlin – Hauptstadt der DDR" zu erhalten hatte.

Stolz waren die Geraer auch auf den Neubau der ersten **Esse** nach dem Krieg für das **Kraftwerk Süd**. In den folgenden Jahren kamen noch zwei weitere **Schornsteine** am selben Standort hinzu. In den späteren Jahren der DDR-Zeit folgten weitere drei **Essen** in **Tinz**, unmittelbar neben der Autobahn. Sie wurden zu einem richtigen **Wahrzeichen** der Stadt. Wer auf der Autobahn aus Richtung Jena nach Gera fuhr, konnte schon viele Kilometer vor Gera die drei Essen erkennen und beglückt feststellen: „Gleich sind wir in Gera."

Die Essen haben die DDR-Zeit dann noch rund 20 Jahre überlebt. Schließlich gab es die kuriosesten Vorschläge für ihre Nutzung, so war zum Beispiel ein Vorschlag, sie als Übungstürme für Bergsteiger zu nutzen. 2009 begann der Abriss.

Selbstbedienung ...
... und andere neue Ideen im Handel

Die Umstellung vieler Geschäfte der **HO** und des **Konsums** auf **Selbstbedienung** hatte die Geraer erst überrascht, aber sie hatten sich schnell an die neue Verkaufsmethode gewöhnt. Am meisten „profitierten" davon die Kinder, die schnell ein paar Bonbons, ein kleines Spielzeug oder etwas ganz anderes, das ihre Begehrlichkeit anregte, in den elterlichen Einkaufskorb schmuggelten.

Freilich gab es auch eine zunehmende Anzahl, die das Wort „**Selbstbedienung**" zu wörtlich nahm. Deshalb wollte man eigentlich vom Grundsatz her „West-Erfahrungen" nicht nutzen. Diesmal aber heiligte der Zweck die Mittel, und man stellte einen **Kaufhausdetektiv** ein.

Der Mann war völlig überfordert. Jedenfalls staunten die Geraer nicht schlecht, als zwei als Kunden getarnte Redakteure – natürlich mit Wissen der Kaufhausleitung – einen ganzen Einkaufskorb voller Waren und sogar eine Hobelbank mit der freundlichen Unterstützung der Kaufhausmitarbeiter unter Umgehung der Kassen ins Freie transportierten.

Viele alteingesessene Bürger allerdings bevorzugten die individuelle Beratung beim Fachhandel. Beliebt waren die „**Sieben Läden**" gegenüber der Hauptpost: Das **Reformhaus** „**Eden**", „**Leder-Oertel**", das „**Café Böttcher**", „**Uhren-Pelka**", ein **Blumengeschäft** und „**Radio-Reißmann**". Der siebente „Laden" im Bunde war die Anzeigenannahme der „**TLZ**".

Das „konsument-Warenhaus" auf der „Straße des 7. Oktober"

Die Direktion des „**konsument-Warenhauses**" auf der Sorge hatte ebenfalls eine neue Idee, das Geld der Kunden für die gekaufte Ware zu kassieren. Es wurden nun mehrere Kassen aufgestellt. Die Kunden sollten den Preis der Waren selbst eintippen. Der Kassenstreifen wurde dann einer Kassiererin vorgelegt, die nach einem prüfenden Blick das Bargeld in Empfang nahm. Bei den meisten Kunden konnte man ein verwundertes Kopfschütteln feststellen, weil sich keiner so recht daran gewöhnte. Der Sache setzte man aber schon bald wieder ein Ende. Diese Art der Bezahlung ließ sich bei den Geraern nicht durchsetzen.

Die bekannte Veritas-Nähmaschine half vielen Frauen, sich chick einzukleiden

Das „**konsument**" musste viele Umgestaltungen über sich ergehen lassen. Dabei war leider der schöne Lichthof aus der Gründerzeit zugebaut worden.

In dieser Zeit kam es zu einer Reihe Neueröffnungen von Geschäften, auch in den Vororten. Besonders beliebt wurden die **Milchbar** auf der „**Straße des 7. Oktober**" und viele andere Geschäfte. Einige private Händler konnten sich auch noch halten. Sie mussten später „Kommissionsverträge" mit der HO oder dem Konsum abschließen, um an Ware zu kommen. Daraufhin gehörte dem Händler nur noch die Ladeneinrichtung, die Waren blieben staatliches Eigentum.

... wo's Essen und das Bier schmeckten

Ende der 70-er, Anfang der 80-er Jahre wurde die Gaststättenlandschaft nochmals erweitert. Da gab es den „**Brunnenhof**" auf dem Zschochernplatz, eine gut besuchte Speisegaststätte. Sie wurde ein paar Jahre später zur **Fischgaststätte** umgewandelt.

Schon 1969 gab es für Bierfreunde eine neue Adresse, „**Die Wernesgrüner Bierstube**" auf dem Kornmarkt, und nachdem die ersten Bewohner des Neubau-Stadtteiles Lusan eingezogen waren, wurden Schlag auf Schlag gemütliche Eckkneipen und größere Gaststätten eröffnet, wo man sich nach Feierabend zum Plausch traf oder mit der ganzen Familie essen konnte.

Ein gutes Glas Wein konnte man sich in der „**Bodega-Bar**" leisten. Sie befand sich in dem Durchgang zwischen der Straße des 7. Oktober und dem „**Panorama-Palast**". Voraussetzung war allerdings, dass man die „**Gesichtsprobe**" des Türstehers erfolgreich bestanden hatte. Spekuliert wurde, dass er die Gäste nach Zahlungsfähigkeit unterteilte. Manche behaupteten, er würde darauf achten, dass immer etwa die gleiche Anzahl weibliche und männliche Gäste eingelassen wurden. Jedenfalls wollte man den Ruf des Etablissements ändern, baute die Gaststätte um und wechselte auch gleich den Namen – nun hieß das Lokal „**Reblaus**".

Kommissionshändler in Gera – ein Ausschnitt

Viele **Kommissionshändler** hatten eine zufriedene Stammkundschaft, so die **Drogerie Feiler** und der **Getränke- und Lebensmittelhandel Platzek** in der **Leipziger Straße**, **Tapeten-Roscher** und **Geflügel-Gerke** in der „**Straße des 7. Oktober**" oder die **Optiker-Firmen Wunderlich**, **Herfurth** und **Fiedler**, die **Bäckerei Jäger**, das **Schuhhaus Lobert**, „**Matschers**", die **Eisdiele** in **Untermhaus**, die besonders wegen ihrer Eistorte berühmt wurde.

Der Inhaber hatte das Café sehr schön hergerichtet und so die Blicke des „volkseigenen Handels" auf sich gezogen. Man fand einen Vorwand, der für eine Verurteilung des Firmenchefs ausreichte. Er wurde vor Gericht gestellt und verurteilt. Die HO übernahm das Geschäft. Nach dem Ende der DDR wurde der Eisdielen-Inhaber rechtlich voll rehabilitiert.

Brot und Brötchen eingeteilt
Konsum, „Centra" und Pralinen-Bonbons

Die Zahl der Bäckereien ging allerdings immer mehr zurück. Der **Konsum-Backwarenbetrieb** konnte die Versorgung nur unter größten Schwierigkeiten aufrechterhalten. Wer noch einen Privatbäcker in seiner Umgebung hatte, konnte sich glücklich schätzen. Die Kunden wussten genau, wann wieder ein neuer Schub aus dem Backofen kam und wie viele Brote oder Brötchen dabei gebacken wurden. Meist gaben die Bäcker nur zwei Brote pro Familie ab, um möglichst viele versorgen zu können.

Die „Centra" mit genügend Parkplätzen

Die größte Kaufhalle des Bezirkes wurde im Zuge der Rekonstruktion der **Ernst-Thälmann-Straße** (Reichsstraße) gebaut. Sie hatte ein für damalige Verhältnisse riesiges Warenangebot in einem breiten Sortiment. Entsprechend hoch war der Kundenandrang. Glücklicherweise war die Planung großzügig erfolgt, sodass es (meist) genügend Parkplätze gab, schließlich kamen die Kunden aus einem weiten Umkreis.

Moskauer Eis und Pelmeni gab's bei den Sowjets

Die **Verkaufsstellen** der „Freunde", sprich, der Angehörigen und Zivilbeschäftigten der russischen Streitkräfte, waren lange ein Geheimtipp, hier konnte man die beliebten **Pelmeni** kaufen, **Sahne** war im Sortiment, das unübertroffene **Moskauer Eis**, manchmal auch der **sowjetische Sekt** und die ebenfalls begehrten **Pralinen-Bonbons**. Der Sekt war auch ein begehrtes Kaufobjekt für die Besucher aus der Bundesrepublik. „Krim-Sekt" wurde vor allem nach der Einführung des Zwangs-Devisenumtausches für Gäste aus dem kapitalistischen Ausland zum Einkaufsrenner. Alles war vorhanden, vorausgesetzt man hatte Glück. Wenn nicht, blieb immer noch eine Fahrt ins **Russenmagazin** im benachbarten **Zeitz**.

Zwar musste man sich damit abfinden, dass die Verpackung in den meisten Fällen etwas spartanisch ausfiel (meist nur Packpapier), aber darauf kam es ja nicht an. Schließlich kam der erste „**Intershop**".

In Gera produziert: „badusan"
in unterschiedlicher Verpackung
– von der Dose bis zum Fisch

Namen, nur Schall und Rauch?

Mit den Ortsnamen rund um Gera ist das so eine Sache. Sagt der „**Gersche**" einem Fremden, dass er nach **Lederhose** will oder nach **Vogelgesang**, dann erntet er bei seinem Gegenüber einen skeptischen Blick, spricht er dann noch von **Hundhaupten**, wird schon seine Glaubwürdigkeit in Zweifel gezogen. Ähnliches kann bei den Brückennamen passieren: **Eselsbrücke**, **Ochsenbrücke** und so weiter. Der Geraer Heimatdichter Peter Boll (bürgerlicher Name: Hermann Luboldt) hat das in einem seiner Gedichte mit folgenden Versen beschrieben:

Wer in der Schule jemals litt
An Unverstand und Wissenslücken,
Erinnert sich, dass er bestritt
Gedächtnisschwund mit Eselsbrücken.

Ich denke oft daran zurück,
Wenn ich auf uns'rer Brücke stehe,
Herab auf die Geleise blick'
Und Züge darauf fahren sehe.

Warum nicht Ochse oder Pferd
Der Brücke Namensgeber waren,
Erscheint mir doch beachtenswert,
Kein Esel trat darauf seit Jahren.

Wenn's früher solche Tiere gab,
Die über diese Brücke schritten,
So liegen sie schon längst im Grab,
Nachdem man ihre Haut zerschnitten.

Weil mir's dort oben nicht behagt,
Gestattet, dass ich mich verdrücke,
Bevor mich einer von euch fragt:
Was will der Esel auf der Bücke?

Elsterbrücke umbenannt

1594 wird in den Chroniken bereits eine „**Große Brücke**" genannt. Dass es ein stattliches Exemplar gewesen sein muss, wird schon dadurch erhärtet, dass die Elster im Laufe der Jahrhunderte kaum wesentlich verbreitert wurde. 1840 nannte man sie zu Ehren des Fürsten „**Heinrichsbrücke**". So hieß sie dann auch genau 110 Jahre. 1950 wurde sie zu Ehren von „Väterchen Stalin" in „**Josef-Stalin-Brücke**" getauft. Dazu hätte sich eine kleinere Brücke natürlich nicht geeignet. Neun Jahre überlebte die Brücke Stalin, bis man notgedrungen nach einem neuen Namen suchen musste. Die Stadtväter hatten es nicht leicht, „Ulbricht-Brücke" wäre so gut nicht gewesen, weil sich dieser nicht mehr als „Nachfolger im Geist" feiern ließ, Pieck war schon lange verstorben und Honecker noch nicht auf dem Thron. Und so wurden 1962 neue Schilder an der **alten Elsterbrücke** angebracht: „**Debschwitzer**" Brücke sollte sie nun heißen; doch schon nach wenigen Wochen wurde sie in „**Elsterbrücke**" umbenannt. Und schließlich feierte man 1991 wieder den alten und neuen Brückennamen „**Heinrichsbrücke**".

Weil wir nun einmal bei den Umbenennungen sind (was die Straßennamen betrifft, so gibt es im Anhang eine umfassende Zusammenstellung).

Die viel befahrene Heinrichsbrücke zu DDR-Zeiten

„Freiheit" statt „Untermhaus"?

Der 10. Jahrestag der Gründung der DDR sollte ordentlich gefeiert werden, es gab Verpflichtungen zu Ehren des Jahrestages, die von den üblichen Überbietungen der Pläne und neuen NAW-Vorhaben bis zu allen nur erdenklichen „Geburtstagsgeschenken" reichten.

Die Leser der „Volkswacht" wurden – in bewährter Weise durch Leserbriefe – darauf eingestimmt, dass es eigentlich nach zehn Jahren DDR kein „**Untermhaus**" mehr geben dürfte. Die Logik war verblüffend: „Untermhaus" ist eine Abkürzung der Ortsangabe „Unter dem Haus", das Haus wiederum meinte das Schloss Osterstein als Sitz der Fürsten. Also sei doch „Untermhaus" eine Art Fürstenverehrung.

Die „Werktätigen forderten", so stand es schwarz auf weiß zu lesen, Straßen, Plätze und ganze Stadtviertel umzubenennen. Denn schließlich lebe man nicht mehr „unterm Haus" und gestalte sein Leben ohne die Imperialisten nun selbst. Leser schlugen auch gleich Namen für den Stadtteil vor, so u.a. „Elstervorstadt" und „Zweibrückenvorstadt". Den Vogel schoss ein Leser mit dem Vorschlag gab den Stadtteil kurz „**Freiheit**" zu nennen. Man stelle sich vor: Das „Postamt Freiheit", das „Polizeirevier Freiheit", die „Sparkassenfiliale in Freiheit", die „Bezirksverwaltung des Ministeriums für Staatssicherheit" in Freiheit. Lassen wird das … Jedenfalls verlief auch das, wie vieles andere in diesen wilden Jahren, im Sande.

Unfall beim Fallschirmspringen ...
... und die Folgen

Die Experten streiten sich immer noch, ob Gera einen **Flugplatz** oder einen Verkehrslandeplatz unterhält. Den Geraern war das egal, fest stand, dass hier Motorflugzeuge starteten und landeten, Hubschrauber abgefertigt wurden und die Gesellschaft für Sport und Technik (GST) hier regelmäßig Segelfliegerei und Fallschirmspringen veranstaltete. 1960 kam es in **Leumnitz** zum ersten **Fallschirmsport-Wettkampf** in der DDR, und auch in den Folgejahren konnte man die bunten Schirme der Fallschirmspringer über Gera sehen und die mutigen Sportler aus der Nähe beobachten.

In den 70-er Jahren kam es leider zu einem folgenschweren Unfall. Eine Fallschirmspringerin war durch unerwartet auftretende Turbulenzen in die Höhe gezogen und weit abgetrieben worden. Zudem war noch ein schweres Gewitter aufgezogen. Die Bodenmannschaft auf dem **Leumnitzer Flugplatz** war in heller Aufregung und in großer Sorge.

Die Fallschirmspringerin bekam irgendwo in der Nähe von Altenburg wieder festen Boden unter die Füße. Sie war total unterkühlt, an ihren Stiefeln hatten sich sogar Eiszapfen gebildet. Sofort wurde sie in eine Klinik gebracht. Hier stellte sich heraus, dass die Frau während des Fluges wahrscheinlich eine Hochspannungsleitung berührt hatte, glücklicherweise aber keine schweren Verletzungen oder bleibende Schäden davongetragen hatte.

Die Nachricht verbreitete sich sehr schnell, und Geraer Journalisten versuchten, Einzelheiten zu erfahren. Aber kein Ansprechpartner fühlte sich zuständig, selbst die Tatsachen wurden weder bestätigt noch dementiert. Trotzdem: Am nächsten Tag konnte man eine sachliche Meldung in der „**Volkswacht**" und in der „**Thüringischen Landeszeitung**" lesen.

Die „leitenden Funktionäre" der Stadt und des Bezirkes waren empört, weil man nach ihrer Ansicht damit dem „Klassenfeind" Ansatzmöglichkeiten der Diffamierung geliefert hätte. Es waren „Konsequenzen" zu erwarten. Zum Glück für die Presseleute veröffentlichte das „**Neue Deutschland**" (ND) eine ähnlich sachliche Meldung. Und weil niemand es wagte, das ND auch nur ansatzweise zu kritisieren, kamen auch die Geraer Presseleute ohne Maßregelung davon.

Wismut dominierte Gera
Die Stadt profitierte

Ohne Planung geht gar nichts und schon gar nicht zu DDR-Zeiten. Und so wurde vorausberechnet: Wie geht es weiter mit dem Wohnungsbau? Wo werden neue Verkaufsstellen oder Gaststätten notwendig? Wie muss das Verkehrswesen gestaltet werden? Und vieles andere mehr.

Doch bei allen Planungen gab es in Gera zwei Schwerpunkte, wo investiert wurde: **Wismut** und **Elektronik**.

Jeder wusste, dass sich dahinter auch militär technische Schwerpunkte verbargen. Doch die Stadt hat immer davon profitiert. Vor allem ohne die Unterstützung der „Wismut" wären viele geplante Vorhaben reine Utopie geblieben. Den Zusatz „Bergarbeiter" trugen deshalb Siedlungen, Gesundheitseinrichtungen, Kindergärten, ein Kaufhaus völlig zu Recht.

Horst Salomon bei einer Rede auf der ersten DSV-Jahreskonferenz 1966

Natürlich waren die meisten Wismut-Mitarbeiter stolz darauf, Kumpel zu sein. Der **Schriftsteller Horst Salomon** war auch **Kumpel bei der Wismut** gewesen. Bekannt war er mit seinem Theaterstück „Katzengold" geworden, für das er mit dem Nationalpreis der DDR III. Klasse ausgezeichnet wurde. Er arbeitete eng mit dem **Geraer Theater** zusammen und führte dort 1964 sein preisgekröntes Schauspiel auf. Auf den war man natürlich auch stolz – so ein Schriftsteller aus den eigenen Reihen, das war doch was!

Apropos Theater:
„**Das Alte war scheener**" – so jedenfalls soll sich **Walter Ulbricht**, der damals mächtigste Mann der DDR, in seinem breiten Sächsisch geäußert haben, als er 1964 den renovierten Theaterbau besichtigt hatte. Die Rekonstruktion war wegen eines Bühnenbrandes erforderlich geworden. Auch viele Geraer konnten mit dem verkorksten Bau wenig anfangen.

Die Leichtindustrie, Kleinunternehmen, Handwerksbetriebe und Dienstleister kamen allerdings oft zu kurz bei der Geldverteilung des Staates. Dabei hatten sich Firmen wie die **VEB Modedruck**, das **Wema**, das **Kompressorenwerk**, die **Filtertuchfabrik**, die **Teppichfabrik** und viele an-

Urkunde zum Arbeitsjubiläum

dere zu führenden Unternehmen nicht nur auf dem nationalen Mark entwickelt. Für die Versorgung der heimischen Industrie waren die Geraer Firmen unersetzbar, teilweise sogar Alleinlieferant bestimmter Waren für den gesamten Staat.

Die Geraer Teppichfabrik war ein auf dem nationalen Markt führendes Unternehmen

Eine „Krempelmaschine" aus dem Filtertuchwerk

Wismut-Kumpel – die Kehrseite der Medaille

Der Sohn eines betroffenen Bergarbeiters schreibt 1988:

„Mit 20 hat mein Vater bei der Wismut angefangen. Das war 1950. Damals wurde noch trocken gebohrt. In Schlema ist er eingefahren. Gelockt hat das Geld und die größeren Lebensmittelrationen. Er kam 1945 mit seiner Mutter aus Schlesien. Gewusst hat er nichts von der Strahlengefahr. Woher auch. Die's wussten, haben den Arbeitern nichts gesagt. Von Strahlung hat mein Vater nie etwas erzählt. Peckblendensteinchen standen bei uns auf der Fernsehtruhe. Hat schön geglitzert. 1963 wurde bei meinem Vater 30% Silikose festgestellt. Wäre er noch zwei Jahre länger unter Tage geblieben, hätte er die Bergmannsrente bekommen. Jetzt kamen ihm die Ärzte mit Arbeitsschutz und 150 Mark pro Monat, so'ne Art Entschädigung. Alle zwei Jahre fuhr er zur Kur. Jedesmal kam er mit höheren Silikosewerten nach Hause. Immer öf-

ter lag er dann im Krankenhaus. Er hat so viele Kumpel, die am Anfang mit eingefahren sind, dort getroffen. Die starben wie die Fliegen. Keiner wurde älter als 55. Mit 54 musste Vater in die Lungenheilstätte eingewiesen werden. Dort haben sie Gewebsproben entnommen, zwei-, dreimal. Das muss wahnsinnig schmerzhaft gewesen sein. Von Strahlung und Krebs haben die Ärzte nichts gesagt, auch nicht zu meiner Mutter. Verschwartungen der Silikose hat's geheißen. Dann radiologische Klinik – 50 Kobaltbestrahlungen, Fieber, Massen von Medikamenten. Ich kann nicht vergessen, wie er allein und ratlos und ohne Hoffnung in dem kahlen Krankenzimmer saß. Er hat nur noch mit dem Kopf geschüttelt. Wenigstens das Ende wollte er selbst bestimmen. Er hat zu viele Kumpels verrecken sehen. Mein Vater hat sich aus dem Fenster gestürzt, 10. Stock. Er hat nichts gewusst, nichts von Strahlung. Fast zum Schluss hat dann ein Arzt zu meiner Mutter gesagt, dass es Lungenkrebs war."
(Aus einem persönlichen Brief an den Verfasser der Studie „Pechblende")

Technik und Textilien
Weitere Großunternehmen der Stadt

Firmen wie **WEMA**, **Modedruck** und **Electronik** hatten Tradition in Gera. Deshalb wurden sie zu der Gruppe der Schwerpunktbetriebe gerechnet, die Leistungen ihrer Mitarbeiter oft hervorgehoben. Die Propaganda bejubelte jeden Erfolg als Meilenstein auf dem Weg zum Sozialismus.

So berichtete die „Volkswacht" schon 1951: *„Der Schwerpunktbetrieb WMW Union Gera wird sich im Laufe des Fünfjahrplanes zu einem gewaltigen, modernen volkseigenen Großunternehmen für die Produktion von Bohrwerken (...) entwickeln. Noch sind keine neun Monate vergangen, seit Walter Ulbricht auf der III. Parteikonferenz der SED dieses neue Großprojekt verkündete, und schon ist die erste Phase der Entwicklung beendet: Am Vorabend des 1. Mai 1951 konnte in der neuen Gießerei in* **Gera-Tinz** *der erste Abstich gemacht werden."*
Solche Berichte machten die Leser natürlich von Tag zu Tag neugieriger!?

Der VEB Modedruck war dank seines Produktionsprofils Lieferant für die Herstellung von Konsumgütern. Dafür interessierten sich natürlich alle. Unter den Beschäftigten waren übrigens viele Frauen.

UNSERE ERGEBNISSE:

Gewerkschafts
Gruppe
Fritz Heckert

Die Frauen-Brigade „Fritz Heckert" wurde für gute Ergebnisse geehrt.

VEB MODEDRUCK GERA

Die Männergruppe der freiwilligen Betriebsfeuerwehr aus dem „Modedruck", es gab zusätzlich aber auch eine Feuerwehr-Frauengruppe

In der Presse erfuhr die Firma oft eine bevorzugte Behandlung. Verdient hatten das die Arbeiter dort durchaus, aber manchmal schien es ihnen sogar etwas peinlich zu sein, wenn sie so stark hervorgehoben wurden.

In den **Schwerpunktbetrieben** wechselte man recht schnell eine in die Jahre gekommene Technik Schritt für Schritt durch moderne Anlagen aus. Vor allem **Wema** und **Modedruck** konnten in Bezug auf technische Ausrüstung durchaus mit gleichgelagerten westlichen Unternehmen konkurrieren.

Ein Großrundstrick-Automat des VEB Modedruck

Holzkohle direkt vom LKW
Ketchup warm aus der Flasche

Südfrüchte konnte man hin und wieder ergattern und freute sich, wenn man abends irgendeine „**Bück-dich-Ware**" – so das Sammelwort für Waren, die man nur unter dem Ladentisch erhielt – nach Hause brachte. Ganze Generationen von Chefs verzweifelten: Wenn auf dem **Zschochernplatz** beim **Kohlehändler** gleich vom LKW weg **Holzkohle** verkauft wurde, wenn es im **Gemüseladen** in der **Passage** Bananen gab, wenn im „**konsument**" Gefriertruhen eingetroffen waren, dann machten sich ganze Brigaden auf zum Einkauf. Was blieb dem Chef übrig? Entweder er zuckte hilflos mit den Schultern, oder er ging gleich mit zum Einkauf.

In der DDR gab es eigentlich immer alles. Die Frage war nur, wo es etwas gab. Gera bekam nichts vom Spargel ab, weil der Transport aus Mecklenburg zu lange dauerte, dafür gab es **Ketchupflaschen** aus der Geraer **Konservenfabrik Vollstedt**, die mitunter noch warm in die Läden kamen. Der Inhalt schmeckte übrigens köstlich.

Gemüsehandel – teuer einkaufen, billig verkaufen

Die Versorgungsexperten des Staates wollten einmal ganz pfiffig sein: Schließlich hatte die Zahl der Kleingärten von Jahr zu Jahr zugenommen. (In die Kleingärten kam eine Menge Baumaterial für die Lauben, meist in „sozialistischer Hilfe" vom Arbeitgeber bereitgestellt). Meistens ernteten die Hobbygärtner viel mehr, als sie zum Eigenverzehr benötigten. Dieser Gedanke wurde aufgegriffen und mal wieder eine Aktion gestartet.

Die Rechnung schien plausibel zu sein. Nehmen wir das Beispiel Rhabarber: Wer seine Pflanzen sorgsam pflegte, bekam im Frühjahr eine reichliche Ernte. Die Stangen wurden zum Gemüsehandel gebracht, dieser musste die Ware aufkaufen und zwar zu einem Preis, der höher lag als der Verkaufspreis, was natürlich sowieso nicht ausgesprochen wirtschaftlich gedacht war. Was aber daraus wurde, daran hatte von den Oberen wohl niemand gedacht.

Jetzt begann nämlich ein recht gutes Geschäft für den Kleingärtner. Mit seinem Trabi brachte er sein stolzes Ernteergebnis zum Händler und erhielt bares Geld. Ehefrau und Schwiegertochter kamen gleich mit und kauften – ohne sich erkennen zu geben – jede ein paar Kilo vom frischen Rhabarber. Die beiden Kaufposten wurden zusammengeführt, um sie am nächsten Tag, um ein paar weitere frische Stangen ergänzt, wieder dorthin zu verkaufen, wo man sie vorher geholt hatte. Dann war die nächste Fahrt zum Gemüsehändler dran … – ein gutes Geschäft!

Das funktionierte auch bei allen Beerensorten, Äpfeln, Birnen, Pflaumen und allem anderen, was der Garten hergab.

Wenn man nach der Verkaufs-Einkaufs-Tour nach Hause kam und vielleicht sogar noch ein Westpaket vorfand, hatte man einen glücklichen Tag gehabt.

Martinsgrundquelle sprudelte wieder

Von Alters her zog es die Geraer in den **Martinsgrund**. Vor allem an den Sonn- und Feiertagen hatten die meisten dann auch einen Krug oder ein ähnliches Behältnis mitgebracht. Ziel war die Quelle, auf deren Wasserqualität die Martinsgrund-Besucher schworen. Quellwasser war das Beste, was man dem Kaffee antun konnte. Egal ob gefiltert oder auf türkische Art, mit oder ohne Zucker und Sahne, auf jeden Fall mit Wasser aus der Martinsgrundquelle!

Die neu eingefasste Quelle im Martinsgrund

Mit den Jahren wurde ihr Strahl aber immer dünner, sehr zum Ärger der Kaffeefreunde. Guter Rat war teuer, da mussten Experten ran! Die **Klempnermeister Pötzschner und Scheibe**, der **Kupferschmiedeobermeister** – fast der letzte seiner Zunft – sowie der **Geschäftsführer** der Metallhandels-Genossenschaft **MEHAG** machten sich daran, den Strahl des begehrten Quellwassers zu neuem Leben zu erwecken. Und siehe da, die nun neu eingefasste Quelle sprudelte wieder. Die Kaffeefreunde konnten zu ihrer alten Tradition zurückkehren. Der Martinsgrund erreichte damit wieder seine alte Attraktivität bei den Ausflugs-Kaffee-Freunden.

Die Gaststätte „Felsenkeller" am Eingang des Tierparks

Als weitere Attraktion erhielt der **Martinsgrund** im Juni 1962 ein Tiergehege. Mit vier Rehen und einem Stück Rotwild begann es, dann wurde der Tierbestand ständig erweitert. **Tierschützer** hielten allerdings einen Teil der Anlage in einer Senke für nicht geeignet, sodass daraufhin die räumliche Erweiterung gleichzeitig die Möglichkeit schuf, die Tiere besser unterzubringen.

Meldungen aus den 60er-Jahren

Grundsteinlegung für das Interhotel

Mit der Grundsteinlegung für das **Interhotel** erreichte die Umgestaltung des **Platzes der Republik** ihren Höhepunkt. Das Haus war zwar als „Messe-Hotel" vorgesehen, d. h. Gäste der Leipziger Messe – vor allem aus dem Devisen bringenden kapitalistischen Ausland – sollten hier untergebracht werden. Auf Außenanlagen, wie Straßencafés, hatte man von vornherein verzichtet. Es ist

zu vermuten, dass der Kontakt der Hotelgäste mit den Geraern nicht zu eng werden sollte. Grundsteinlegung war am 7. Mai 1965.

Die Geraer jedenfalls freuten sich trotzdem und nahmen das Hotel nach seiner Eröffnung am 5. Oktober 1967 gern an. Sie besuchten die Gaststätten, die einzelnen Salons und natürlich die „**Inter-Bar**".

Detail der Innengestaltung im Interhotel: Keramiken von Susanne Engelmann

Vor dem Bau des Hotels war der gesamte Platz bereits grundlegend umgestaltet worden, so verschwand der **Mühlgraben** teilweise in riesigen unterirdischen Rohren, die Gleisführung der Straßenbahn wurde verändert. Übrigens bestand das Hotel genau 20 Jahre, am 4. Januar 1997 begann der Abriss.

Prominente zu Gast

Da staunten die Geraer: Immer mehr Prominente besuchten die Stadt an der Elster oder übermittelten Glückwünsche.

Von rund 70.000 Geraern wurde Jurij **Gagarin**, der erste Mensch im Weltall,

auf dem **Platz der Thälmann-Pioniere** (Biermannplatz) überaus herzlich begrüßt.

Die **Ehefrau** des bedeutenden Schriftstellers **Kurt Tucholsky**, **Mary Gerold Tucholsky**, war über die Gründung des „**kellers 68**", einem Kabarett mit hohem künstlerischen Rang und einer „großen Schnauze", wie die „Gerschen" meinten, außerordentlich erfreut.

Jurij Gagarin

Helene Weigel, Schauspielerin am „Berliner Ensemble" und **Witwe Bertolt Brechts**, kam selbst zum Besuch einer Kinderkrippe, der der Name ihres verstorbenen Mannes verliehen worden war.

Der berühmteste Sohn der Stadt, **Prof. Otto Dix**, nahm am 23. November 1966 die Ehrenbürgerschaft seiner Heimatstadt entgegen.

Geraer wurde Chefredakteur der „New York Times"

Keine Beachtung fand allerdings, dass ein Geraer im November 1986 Chefredakteur der berühmten „New York Times" wurde. Der 1930 in Gera geborene jüdische Journalist **Max Frankel** war Anfang 1940 mit seiner Mutter in die USA emigriert und seit 1952 für das Weltblatt tätig. 1973 erhielt er den „Pulitzer-Preis", die höchste Auszeichnung, mit der ein Journalist geehrt werden kann.

Sportzentrum

Weitere gute Nachrichten aus Gera zu jener Zeit: Die **ehemalige Grube** in **Aga** wurde **Sport- und Naherholungszentrum**, im November 1967 war Richtfest für die „**Erwin-Panndorf-Halle**", die dann fast 40 Jahre lang als Sport- und kulturelles Zentrum diente, viele Schulen erhielten **neue Turnhallen**, bestehende wurden renoviert.

Kartoffeln zu klein für Thüringer Klöße

Es bedurfte nicht erst der Festlegungen der Jahrzehnte später gegründeten „Europäischen Union": Die Geraer Hausfrauen kritisierten schon 1968 die zu kleinen Kartoffeln. Nach guter alter Tradition eignen sich nur Knollen, die mindestens faustgroß sind, für die Herstellung der echten **Thüringer Klöße**. Das steht zwar nirgends geschrieben, ist aber ehernes Gesetz der lokalen Kochkunst.

Der Chef der Handelsgesellschaft Obst, Gemüse, Speisekartoffeln reagierte auf die Beschwerde der Hausfrauen und erklärte, dass nach den **technischen Güte- und Lieferbedingungen** (TGL – so hießen die DDR-DIN-Normen) die Kartoffeln eine Größe von vier Zentimeter haben müssten. Doch die Hausfrauen kümmerte das wenig. Dann gab's zum Mittagessen eben **Thüringer Bratwurst** statt **Thüringer Klößen.**

Gasbeleuchtung ade … mit einem kleinen Nachspiel

Die Adventstage des Jahres 1968 brachten nicht nur das Kerzen- und Elektrolicht an den Christbäumen in die „Gerschen" Weihnachtszimmer: Am 13. Dezember war auch der letzte Tag für die **Straßenbeleuchtung** mit Gas gekommen. Der Abschied vollzog sich ohne großen Pomp und Feiern. In der **Mozartstraße/Ecke Franz-Liszt-Straße** des **Musikerviertels** in **Heinrichsgrün** wurde zum letzten Mal die **Gaslaterne** angezündet. Das Stadtmuseum war pfiffig und sicherte sich eine Lampe für die Bestände des Museums.

Allerdings gab es ein Nachspiel: Die **Langenberger** reklamierten ein paar Monate später, dass in der **Auenstraße** nach wie vor eine Gaslaterne steht.

Listig merkten sie noch an, dass Langenberg schließlich auch zu Gera gehöre. Wer die Lampe dort gezündet und am Morgen das Gas wieder abgestellt hat, ist nicht in die Annalen der Geschichte eingegangen.

Die letzte Gaslaterne wird zum letzten Mal angezündet

Lotto, Toto, Lotterien ...

... und der Traum vom vielen Geld

Vor allem die Arbeiter sollten bei der Stange gehalten werden. Löhne und Gehälter waren nicht gerade üppig. Dafür gab es aber noch diverse betriebliche Fonds als Geldquelle und Stimulans. Davon wurden u.a. Zuschüsse zum Werksessen bezahlt, Betriebskindergärten finanziert, Feiern zum Frauentag oder für die Veteranen und vieles andere durchgeführt. Und natürlich gab es Geldvergütungen, so als Jahresendprämien, Geldbeträge für die erfolgreiche Verteidigung des Titels **„Kollektiv der sozialistischen Arbeit"**, **„Aktivist"**, **„Medaille für ausgezeichnete Leistungen"** und vieles andere.

All das kostete eine Menge Geld. Während man in den ersten DDR-Jahren stark aufs Sparen orientiert hatte, wurde es den Währungshütern bei der Staatsbank langsam unheimlich, die Höhe der Spareinlagen überschritt beinahe das Jahresbruttoeinkommen. Das hieß nichts anderes, als dass sich mehr Geld auf den Konten angesammelt hatte, als die gesamte Warenproduktion der Wirtschaft betrug.

Also musste Kaufkraft „abgeschöpft" werden. Das geschah durch die Einführung hochwertiger Artikel, die nicht hoch oder gar nicht subventioniert wurden, wie zum Beispiel Fernsehgeräte, aber vor allem durch die Einführung **staatlicher Lotterien**.

In der „Clara" wurde ausgezählt

Den Anfang machte die **„Berliner Bärenlotterie"**, die sich aber bald in ihrer Abwicklung sehr umständlich zeigte (weil sich DDR-Bürger außerhalb der

Hauptstadt nur mit speziellen Zahlkarten beteiligen konnten). Trotzdem nutzten die Bürger die Lotterie rege. Bei der Hoffnung auf einen Spitzengewinn scheute man keine Mühen.

Weiter wurden **Fußballtoto, Zahlenlotto**, die **Wettbewerbe 5 aus 35** und eine Unzahl von **Sonderziehungen** „erfunden". Eingestellt wurde in den Jahren nur die „**Sächsische Landeslotterie**" wegen zu geringer Beteiligung.

Die organisatorische Durchführung der Lotterie-Annahme wurde überwiegend durch die Deutsche Post übernommen. Quasi über Nacht gab es allein im **Hauptpostamt in Gera** drei eigens dafür vorgesehene Schalter, selbstverständlich auch in den anderen **Poststellen**, in **Zeitungs- und Tabakläden** ...

Recht altertümlich wirkte die Technik bei der Scheinabgabe. So wurde der dreifach geteilte Schein gefaltet, die Annahmekraft lochte die Felder der angekreuzten Zahlen per Hand mit einer **Lochzange**, die in etwa der entsprach, wie sie früher beim Entwerten der Fahrkarten bei der Reichsbahn Anwendung fanden. Die vielen kleinen konfettiartigen Papierschnipsel wurden in einem kleinen Säckchen aufgefangen. Später wurde diese Methode überflüssig. Die Spielscheine hatten Durchschreibefunktion, sodass die Locherei wegfiel.

Montags war dann immer eine große Zahl von Frauen engagiert worden, die in einem Saal der „**Clara**" Schein für Schein über eine Schablone zogen und erkannten, ob es sich um einen Gewinnschein oder eine Niete handelte. Das geschah mit außerordentlicher Routine und in großer Schnelligkeit.

Die Gewinnscheine der höheren Ränge wurden dann noch mit den in Tresoren verwahrten Originalen verglichen. Das System war absolut sicher. In der gesamten Lotto-Geschichte soll es nur einen Betrugsfall gegeben haben. Alte Lottoscheine konnte man sammeln und erhielt dafür Bücher.

Kaspar, ... „fesch" und 'ne Rolltreppe

Da staunten nicht nur Kaspar und Gretel – Die von **Herbert Oestreich** und **Rosemarie Ohnesorge** gegründete Puppenbühne erhielt ein eigenes Haus in der früheren Ausstellungshalle am **Gustav-Hennig-Platz**.

Ehemalige Außstellungshalle: Hier spielte später die Puppenbühne

61

Das „**konsument**" wurde mit einer **Rolltreppe** ausgerüstet.

Die Geraer Straßenbahn feierte mit festlich geschmückten Fahrzeugen im Februar 1967 ihr 75-jähriges Bestehen.

Das „**Terrassencafé Osterstein**" wurde übergeben.

Die Geraer konnten im **Modehaus** „**fesch**", dem ersten „**Exquisit**"-Geschäft, einkaufen.

In einen Neubau am **Johannisplatz** wurde das alte Figurenportal des „**Kutschenbach'schen Hauses**" integriert.

Die Reste des alten **Stadtmauerturmes** am **Stadtgraben** konnten restauriert werden.

Die Reste der alten Stadtmauer mit Turm

Reges Baugeschehen im Zentrum und in **Bieblach**; die ersten Mieter konnten die **Neubauten** in der **Ernst-Toller-Straße** beziehen.

Wismut-Elf ...

... schaffte Aufstieg ins Oberhaus ...

1945 kam es zur Neugründung der Spielgemeinschaft Gera-Pforten, die 1949 in die Betriebssportgemeinschaft (BSG) Gera-Süd umbenannt wurde. Am 7. Oktober 1950 fusionierte die BSG mit RFT Gera und nannte sich fortan BSG Mechanik Gera. Am 1. Mai 1951 erfolgte die Umbenennung in BSG Motor Gera, bevor die BSG am 29. März 1953 den Namen **Wismut Gera** als Hinweis auf den Trägerbetrieb SDAG Wismut erhielt. Neben **Handball**, **Schwimmen** und **Boxen** spielte **Fußball** in der BSG die Hauptrolle.

1949 spielte die Fußballmannschaft von Gera-Süd in der neu gegründeten DDR-Oberliga, der höchsten DDR-Spielklasse, und belegte am Ende der Saison 1949/1950 den 11. Tabellenplatz. Ebenfalls 1949 erreichte die Mannschaft das Finale um den FDGB-Pokal, das in Halle mit 0:1 gegen Waggonbau Dessau verloren wurde. Nach vier Jahren Zugehörigkeit stiegen die Geraer 1953 als Tabellenletzter aus der Oberliga ab.

Wappen und Wimpel von Wismut Gera

Saison 1966/1967: Rekordkulisse von 18.000 Fußballfreunden. Was viele gehofft, aber nur wenige für möglich gehalten hatten, wurde erreicht: Die **Fußballelf** von **Wismut Gera** schaffte im entscheidenden Spiel gegen Chemie Leipzig den Aufstieg in die höchste Spielklasse des Landes. Das wurde groß und ausdauernd gefeiert, sogar eine Sonderbroschüre mit dem stolzen Titel „Geschafft!" wurde herausgegeben. Der bittere Wermutstropfen folgte im folgenden Jahr: Sie „tanzten nur einen Sommer" – in der höchsten Spielklasse.

Die Aufstiegself 1966/1967

Dieter Kühne (14 Einsätze) - Rudi Bätz (20), Michael Strempel (19), Rainer Hermus (14), Hilmar Feetz (22) - Dieter Fischer (18), Ulli Egerer (17) - Harald Krause (17), Otto Skrowny (21), Peter Richter (25), Eberhard Trommer (16)

1977/1978 spielte Gera noch einmal erstklassig, stieg aber auch in dieser Saison sofort wieder ab. Die übrigen Jahre spielte Wismut in der zweitklassigen DDR-Liga und nahm fünfmal erfolglos an der Aufstiegsrunde zur Oberliga teil.

DDR-Fußballnationalspieler aus Gera

Bis in die 1970er Jahre hinein war Gera Ausgangspunkt für spätere DDR-Nationalspieler, allerdings bei anderen Mannschaften:

Dieter Erler (47 Länderspiele für den FC Karl-Marx-Stadt)

63

Harald Irmscher (41, Motor Zwickau, Carl Zeiss Jena)

Manfred Kaiser (31, Wismut Aue)

Bringfried Müller (18, Wismut Aue)

Georg Buschner (6, Carl Zeiss Jena, später Nationaltrainer)

Außerdem (ohne Fotos): **Michael Strempel** (15, Carl Zeiss Jena) und **Horst Freitag** (1, Wismut Aue).

Sportstadt Gera – „Spartakiade" mit der Betriebssportgemeinschaft des VEB Modedruck

Wuitz-Mumsdorfer-Eisenbahn
Die letzte Fahrt

Gehegt und gepflegt von den Eisenbahnern, war die **Wuitz-Mumsdorf-Eisenbahn** nach dem Krieg ein bedeutsames Verkehrsmittel geblieben, die Geraer fühlten sich jedenfalls mit ihr verbunden. Niemand ahnte ihr völlig überraschendes Ende, das von einem **Unwetter** über Pforten am **3. Mai 1969** begann und mit der letzten Fahrt am 19. Mai endete. 69 Jahre lang hatte die Bahn unter wechselnden Eigentumsverhältnissen und sich ändernden Aufgabenstellungen zuverlässig ihren Dienst getan.

Nur auf schmaler Spur, aber voll unter Dampf

Unwetter zerstörte Gleisanlage

Wir zitieren aus der Geraer Chronik: „*Alles begann damit, dass am Nachmittag dieses schönen Maientages und bei strahlendem Sonnenschein der Personenzug P 1665 den Bahnhof Söllmnitz verließ und sich auf die Fahrt nach Gera begab. (...) Nach der Ankunft des Zuges in Gera-Pforten verdunkelte sich dort der Himmel, und ein schwerer Gewitterschauer setzte schlagartig ein. Der Zaufensgraben am Bahnhof der Schmalspurbahn trat schon nach kurzer Zeit aus dem Bett und überschwemmte die Wuitz-Mumsdorfer Eisenbahnstrecke knöcheltief mit Schlamm und Geröll. Vor der Bahnhofseinfahrt wurde der Bahndamm vollständig überspült und damit unpassierbar. Das geschah ebenso, wenngleich etwas weniger stark, auch an mehreren Stellen in Richtung Gera-Leumnitz. Der kurz vor Beginn des Unwetters eingefahrene P 1665 mit der Lokomotive 99 5911 musste demzufolge am Bahnsteig abgestellt werden. Zu diesem Zeitpunkt befanden sich außerdem die Lokomotiven 99 183 und 99 919 sowie mehrere Güter- und Reisezugwagen im Bahnhof. Der nachfolgende Personenzug P 1667 aus Wuitz-Mumsdorf, gezogen von der Lokomotive 99 5912, wurde im Bahnhof*

Gera-Leumnitz zurückgehalten, bis das Unwetter abgezogen war. Danach rangierte die Zug-Lokomotive um und fuhr mit einem angehängten Personenwagen an der Spitze bis zu der unterspülten Strecke im Bahndamm vor der Pfortener Bahnhofseinfahrt. Die wenigen Fahrgäste mussten die restliche Wegstrecke zu Fuß zurücklegen."

Bereits einen Tag später wurde das Aus für die Bahnstrecke beschlossen, Lokomotiven und Anhänger wurden abtransportiert. Schließlich verließ am 7. Mai 1969, 15 Uhr, der letzte Zug Pforten. Er bestand aus zwei geheizten und einer kalten Lokomotive und sechs Wagen.

Nostalgie für Eisenbahnfreunde

Schmalspurbahnen wecken nun einmal nostalgische Gefühle. Und so beschäftigten sich in der folgenden Zeit viele Eisenbahnfreunde weit über Gera hinaus mit der „**Wuitz-Mumsdorfer**". Zum 750. Jubiläum der Stadt widmete die „**Thüringische Landeszeitung**" der Bahn, in Zusammenarbeit mit der Fachgruppe Heimatgeschichte des **Geraer Kulturbundes,** eine Artikelserie von Ernst Wachsmut, die sich Eisenbahnfreunde aus ganz Deutschland und den angrenzenden Staaten zuschicken ließen. Inzwischen gibt es einige Bücher über die Bahnstrecke. Sie hat offensichtlich selbst nach ihrem Ende nichts an Attraktivität verloren. Wer sich zu Fuß durch den **Zaufensgraben** begibt, kann heute noch einzelne Bahnschwellen erkennen. Engagierte Heimatfreunde haben in jüngster Zeit eine beachtliche Anzahl von „Resten" der Bahn aufgespürt, die teilweise vor dem weiteren Verfall geschützt werden.
(In diesem Zusammenhang verweisen wir auf eine aktuelle Veröffentlichung von Helmut Voigt zur 30-jährigen Wiederkehr der Betriebseinstellung der Bahn in der Wochenzeitung „Neues Gera".)

Leider war es 1969 nicht möglich, zumindest die Reste der „**Wuitz-Mumsdorfer**" zu sichern. Was hätte das für eine touristische Attraktion für Gera und die anderen Orte entlang der Bahnstrecke werden können, ein kleines Mekka – so kann man träumen – für die große Gemeinde der Eisenbahnfans unseres Landes!

Die Wuitz-Mumsdorfer auf freiem Feld

„Bierpräsent"
Tolles Bierangebot am Markt

Der Geraer mag sein Bierchen. Rechtzeitig vor dem Weihnachtsfest 1970 gab es eine tolle Überraschung. Auf dem **Markt** wurde das „**Bierpräsent**" eröffnet. Im Sortiment gab es alle in Ostthüringen gebrauten Biere. Und dazu noch einen bisher unbekannten Service. An Wochentagen war bis 21 Uhr geöffnet und sogar an Sonntagen von 10 bis 12 sowie 14 bis 18 Uhr.

Gera hatte noch seine Brauerei und das „Riebeck"-Bier. Seine Geschmacksnote war umstritten, aber als es dann vom Markt verschwunden war, trauerten die Geraer schon sehr

Bierkenner und -freunde hätten schon gern einmal ein Bierchen der großen „Weltmarken" getrunken, die gehörten allerdings nicht zum Sortiment. Vielleicht aber hat auch nur keiner danach gefragt. **Edle Getränke** gab es manchmal im „**Freß-Ex**"(Delikat-Laden), wie die Geraer sagten, doch dem Bürger ging es wie seinem Staat: Devisen waren knapp, und die brauchte man, um dort einzukaufen. Kneipen und Gaststätten gab es inzwischen wie Sand am Meer, und im Interhotel zu übernachten, konnten sich zunehmend mehr Besucher der Stadt leisten.

Im Interhotel war es relativ teuer, essen zu gehen

67

Lusan, aus der Retorte ...

... *„Wo einst die Kamille blühte ..."*

Ein Löffelbagger übernahm am 8. April 1972 die Aufgabe des ersten Spaten-stiches für den neuen Stadtteil **Lusan**. „Zentralbild", die Foto-Abteilung der DDR-Nachrichtenagentur ADN, veröffentlichte ein Bild davon mit der Schlag-zeile **„Wo einst die Kamille blühte ..."** Es gab keine DDR-Zeitung, die dieses Bild nicht veröffentlichte. Schon Ende 1975 war der erste Bauabschnitt fertigge-stellt. Der neue Stadtteil hatte damals zunächst 10.000 Einwohner.

Das Sonnabendbad in der Zinkwanne ist passé, froh ist man über das neue Bad in der Neubauwohnung, wo das warme Wasser sozusagen aus der Wand kommt

Gaststätten, Gesundheitseinrichtungen, Einkaufsmöglichkeiten, kleinere Kultur-einrichtungen hatten den Betrieb aufgenommen. Doch das Tempo reichte nicht, um die **„Wohnungsfrage"** zu lösen. Deshalb versuchte man über die so genann-te „Lückenbebauung" der Wohnungsnot noch ein Stück mehr vorzubeugen. Ein Jahr später wurde der erste Elfgeschosser des **Typs WBS 70** gebaut.

Moderne Wohnzimmereinrichtung und eine Küchenzeile aus den 70ern

Die Planung sah auch eine Schwimmhalle und ein Kino vor, daraus ist allerdings nie etwas geworden. Die Straßenbahn hatte ihr Netz bis in den Stadtteil erweitert, und es gab auch noch ganz kühne Vorstellungen zum öffentlichen Beförderungsverkehr. Manche Städtebau-Experten sahen schon eine Einschienenbahn vom **Stadtzentrum** nach **Lusan** fahren – wozu es natürlich nie kam. Es reichte ja nicht einmal dazu, dass die Fahrstühle der Häuser in jeder Etage hielten.

Kindergarten in Lusan

Neues entsteht, Altes wird vernachlässigt

Einerseits wurden ganze Produktionsabteilungen großer Bauunternehmen des **Bezirkes Gera** für große Bauprojekte in der Hauptstadt nach Berlin geschickt,

andererseits delegierte man mittlere Betriebe aus Kleinstädten nach Gera, um dort zum Beispiel das Projekt „Lusan" umzusetzen.

Als Dank erhielten Lusaner Straßen Namen von Kreisstädten, aus denen die Bauarbeiter delegiert waren. In Lusan wohnten später 45.000 Menschen.

Das alte Bäckereigebäude am Gries in Untermhaus

Das schöne Fachwerkhaus an der Auffahrt zu Osterstein konnte nicht mehr gerettet werden

Eine Tragik des Wohnungsneubaues war, dass für Altbauten kaum noch Kapazitäten und Finanzen übrig geblieben waren. Nur die dringendsten Arbeiten wurden durchgeführt. Um 1970 hatte man sich zwar zu „**Komplexrenovierungen**" ganzer Straßenzüge entschlossen und damit in der **Feuerbachstraße** begonnen, stellte das Vorhaben aber bald wieder ein.

Meldungen aus den 70-ern

Großbäckerei wurde eröffnet

Eine **Großbäckerei** wurde in der **Werner-Siemens-Straße** eröffnet. Ab 1975 belieferte sie Gera und Umgebung. Daher mussten Backwaren nicht mehr aus anderen Bezirken der DDR herangeschaft werden. Das imposante Produktionsgebäude wurde aus 24 Meter langen Spannbeton-Bindern hergestellt.

Nur wenige hundert Meter weiter ging der Neubau der **Feuerwache** in der **Wilhelm-Pieck-Straße** (Berliner Straße) zügig voran. In dem Gebäude wurde später auch die Verkehrspolizei untergebracht.

Eingestellt wurde der Betrieb des Gaswerkes, weil die komplette Versorgung mit Ferngas aufgenommen worden war.

Die Geldbörsen der Bürger füllten sich zwar nicht bemerkenswert, dafür aber mit neuen Geldscheinen. Diese hatten ein handlicheres Format und eine zeitgemäße Gestaltung und waren dann auch bis zum Ende der DDR gültig.

Ein weiterer Spatenstich: Er galt der **Pioniereisenbahn** im **Tierpark Martinsgrund**. Am 6. September 1975 hob **Oberbürgermeister Horst Pohl** die Kelle zur Freigabe der ersten Fahrt auf der 650 Meter langen Strecke zwischen den Bahnhöfen **Martinsgrund** und **Wolfsgehege**. Die Bahn war im Rahmen des „Nationalen Aufbauwerkes" geschaffen worden.

Die Pionier-eisenbahn im Martins-grund

„Junge Pioniere sind einander Freund", so sollte es sein – nach dem Anspruch der Partei

Gera war auch bei der „großen" Eisenbahn ein leistungsfähiger Bahn-Knotenpunkt

Abschied wurde ein paar Tage später von den **Dampflokomotiven** genommen, die durch dieselgetriebene Maschinen ersetzt wurden. Hin und wieder fuhren aber die dampfenden Rösser zu besonderen Ereignissen als Traditionslokomotiven. Dann war die Eselsbrücke von Zuschauern überfüllt, mehrere Kilometer Film durchliefen die Kameras der Foto-Amateure.

Apropos Eselsbrücke: Sie war in die Jahre gekommen, eine neue Eselsbrücke wurde neben der alten gebaut. Kurz vor der Fertigstellung brach das Bauwerk zusammen. Die Ursache dafür wurde nie bekannt gegeben.

Sero – „Lumpen, Flaschen und Papier ... "

Ein riesiges Sortiment hatte um 1975 „Sero" (Sekundärrohstoffe) zu bewältigen. Zwar gab es die Altstoffsammlung bereits seit den 60-er Jahren, sie wurde aber jetzt zu einem „Kombinat" zusammengefasst. Die Palette reichte von Schrott, Buntmetallen über Lumpen und Papier bis zu Flaschen und Gläsern. Sogar Spraydosen, Filme und Fixierbäder konnten abgegeben werden.
Pioniere gingen von Haus zu Haus und sammelten die kostbaren Güter. Eine Annahmestelle nach der anderen wurde eröffnet. Dort sortierte man die Flaschen und Gläser nach Normgröße und verpackte sie sorgsam. Dann ging das verpackte Material ab in die Produktionsbetriebe.
So zumindest die Theorie. In der Praxis sah es anders aus: Die Annahmestellen waren sehr oft ganz geschlossen oder überfüllt, weil das Transportsystem total überlastet war.
Aber die Geraer sammelten fleißig weiter. Schließlich zahlte „Sero" einen anständigen Preis und füllte damit manche Klassen- und Kollektivkasse, oder man sparte das Geld und leistete sich dann eine Tankfüllung für den Trabi.
Ein Kilogramm Zeitungen brachte 30 Pfennig, eine Spraydose 10 Pfennig, Flaschen 5 bis 20 Pfennig, Kupfer 2,50 Mark/Kilo und ein alter Film 5 Pfennig.

Urkunde für die besten Sammler

Enteignungen – „Volkseigentum" hatte gesiegt

Von Februar bis Juni 1972 wurden die letzten 14 Privatbetriebe und 46 Betriebe mit „staatlicher Beteiligung" enteignet und in „Volkseigentum" verwandelt. In der Folge wurden die Firmen in der Regel den großen Kombinaten angeschlossen. Die vormaligen Kleinbetriebe hatten für die Bevölkerung bedeutsame „Nischenprodukte" hergestellt, an denen den Kombinaten nicht gelegen war. Die Auswirkungen zeigten sich Wochen und Monate später und waren teilweise verheerend. Für viele Artikel fehlten Produzenten, und die Bevölkerung beklagte sich über Lücken im Sortiment.

Trikopan „Made in Gera" gab es fast in jedem Haushalt

Für Tinte im Stempelfarben gab es nur zwei Hersteller in der gesamten DDR. Allein der „VEB Bürochemie" stellte jährlich zwölf Tonnen Tinte in allen Farben, Notentinte und Stempelfarben in unterschiedlichen Farben her

Sibirische Kälte in Gera

Der Tag vor Silvester 1978 brachte einen Rekordsturz der Temperaturen von +13 Grad Celsius auf -9 Grad, zum Jahreswechsel zeigte das Thermometer -22,3 Grad. Die sibirische Kälte hatte Gera fest im Griff. Glücklicherweise konnte ein zweiter Dampferzeuger im **Gasturbinenkraftwerk** und das **Heizwerk Nord** zugeschaltet werden, sodass die Versorgung mit Fernwärme gesichert war.

Der Betrieb der **Linienbusse** war kaum noch gesichert. Um die Motortemperatur etwas zu erhöhen, wurden sie vor der Abfahrt „warm gefahren".

Damit die **Straßenbahn** überhaupt fahren konnte, wurden u. a. in der **Leninstraße** (Wiesestraße) von den umliegenden Betrieben Arbeiter delegiert, die LKWs mit den gefallenen Schneemassen beladen mussten. Der Platz für die Ablagerung der weißen Massen war in der Stadt bald gefüllt, sodass man Fahrzeuge der Armee anforderte, die den Schnee in die **Elster** kippten.

Mehrere Betriebe mussten die Produktion herunterfahren oder ganz einstellen. Die „**Volkssolidarität**" sorgte sich verstärkt um gehbehinderte und bettlägerige Menschen, denen warmes Essen ins Haus gebracht wurde, der **Veteranenklub** wurde ganztags geöffnet.

DDR brauchte dringend Westgeld

Überraschend kam es – was den Einkauf in **Intershops** mit barem Westgeld anging – zu einer jähen Wendung. Man durfte in den Intershops nicht mehr mit Westmark bezahlen, sondern man brauchte so genannte Forum-Schecks. Das traf für die Shops in der „**Zitronenquetsche**" (Straßencafé des Interhotels) ebenso zu wie auf die vielen anderen Intershops, so zum Beispiel im „**Haus des Bergmanns**", im **Südbahnhof** oder in der großen **Kaufhalle** in der Lessingstraße.

Das Café „Rendezvous" des Interhotels (im Hintergrund) war ein beliebter Treffpunkt, für die Geraer war es die „Zitronenquetsche"

Das Bargeld musste vorher an speziellen Schaltern in der **Staatsbankfiliale** in der Humboldtstraße umgetauscht werden. Das geschah ganz problemlos, niemand wurde nach seinem Namen gefragt, auch nicht danach, woher er das Westgeld bekommen hatte.

Die DDR-Staatsführung hatte jedenfalls ihr Ziel erreicht: Innerhalb von wenigen Tagen konnte ein nicht unerheblicher Betrag an West-Devisen beschafft werden, der zur Ablösung von Verbindlichkeiten händeringend gesucht worden war.

Hochwasser – Todesopfer und Schäden in Millionenhöhe

Die Stadt wurde 1981 wieder von einem Hochwasser heimgesucht. Wolkenbruchartige Niederschläge mit über 210 Litern Wasser pro Quadratmeter verwandelten den ansonsten friedlichen **Saarbach** und den **Erlbach** in reißende Ströme. Vor allem in den Ortsteilen **Scheubengrobsdorf**, **Frankenthal**, **Rubitz**, **Thieschitz** und **Milbitz** stand alles unter Wasser. Da sah man losgerissene Telefonzellen, die weggespült wurden, von einigen Häusern war die Vorderfront eingestürzt, die dahinter liegenden Wohnungen sahen aus wie eine große offene Puppenstube.

Obwohl die Hilfe sofort einsetzte, waren die Menschen verzweifelt, einige versuchten, ein paar Habseligkeiten aus den Gebäuden zu retten, und säuberten sie vom Schlamm.

Hart traf es auch die Tiere. So konnte man einige Ställe nicht sofort erreichen und somit die Kühe nicht melken. Ihre Schmerzensschreie waren weithin zu hören. Schließlich nahm sich ein Offizier der Polizei der Tiere an, saß Tag und Nacht auf dem Melkschemel und half den Tieren.

Leider gab es bei dem Unwetter auch ein Todesopfer. Der Feuerwehrmann Knut Klewenow wollte eine Frau und ein Kind von einem Schuppendach retten und ist dabei ums Leben gekommen.

Meisterwerk der Mechanik aufgetaucht

Bei Bauarbeiten kommen hin und wieder Schätze ans Licht. So hatten Bauarbeiter bereits 1976 bei Abbrucharbeiten des Kellergewölbes an der Florian-Geyer-Straße/Ecke Kornmarkt einen bedeutenden Münzfund gemacht. Es kamen 224 Meißener Groschen ans Tageslicht, die in einem Münzgefäß aufbewahrt waren. Kenner schätzten, dass die Münzen aus den Jahren 1360 bis 1411 stammten.

„Haus der Kultur"
Historische Bausubstanz dahin

Die Schlagzeilen der Geraer Zeitungen konnten auch 1979 einige Fortschritte melden:
Neue Elsterbrücke zwischen Langenberg und Milbitz,
Grundsteinlegung für ein neues Bettenhaus des **Bezirkskrankenhauses**,
Eröffnung der **Großtankstelle** an der Autobahnauffahrt mit 17 Zapfsäulen,
Rekonstruktion der **Stadtapotheke** und die dritte **Straßenbahnlinie** nach Lusan.
Kein Zweifel, die Geraer freuten sich darüber.

Allerdings beendete ein Besuch von Partei- und Staatschef Erich Honecker in
Gera viele Hoffnungen der Menschen, die sich auf die Fortschritte in ihrer Stadt
stützten.
In der **Panndorfhalle** hielt er seine berühmt-berüchtigte „Geraer Rede", wo er
ein düsteres Bild zu den Beziehungen zwischen der DDR und der BRD und der
DDR-Haltung zu der Lage in Polen zeichnete.

Das Kultur- und Kongresszentrum in der Stadtmitte

„Schwarzer Bär", „Kleiner Bär", „Goldene Kugel" ...

In Gera beseitigte man 1981 die Altbausubstanz im Stadtzentrum. Viele ältere
Geraer verloren mit der Sprengung des Hotels **„Schwarzer Bär"**, der **Bären-
und der Bachgasse** ein wenig Herzblut. Der „Bär" war sozusagen eine nicht zu
ersetzende Institution. Hier traf man sich, hier feierte man, hier trank man sein
Bier oder seinen Wein. Wenige Häuser weiter hatte der **„Kleine Bär"** ja immer

Das historische Hotel „Schwarzer Bär", wie es jeder Geraer kannte und das auch viele Besucher in die Stadt zog

einen etwas zweifelhaften Ruf. Trotzdem machte es traurig, den Abriss mit ansehen zu müssen. Und auch die **„Goldene Kugel"** fiel der Abrissbirne zum Opfer. Vorbei die Zeit im traditionellen Ambiente, auch mal ein schnelles, aber gutes Bier zu trinken.

Platz wurde dabei geschaffen für das **„Haus der Kultur"**, das sich sehr schnell zu einem Veranstaltungs- und Kongresszentrum entwickelte, das von vielen Stars und Sternchen besucht wurde und sich bei den Geraern schnell eines großen Zuspruchs erfreute und heute noch erfreut.

Einmalig in Europa: Die Straßenbahn fuhr „Am Leumnitzer Tor" durch ein Haus

Am 1. Juni 1984 fuhr die letzte Straßenbahn auf der **Sorge** und wurde nach „**Hinter der Mauer**" verlegt. Die neue Linie unterquerte die **Häuserzeile Johannisplatz**. Eine europaweit einmalige Lösung. Bei dieser Gelegenheit wurde aus „**Hinter der Mauer**" der Name „**Leumnitzer Tor**".

So sah es „Hinter der Mauer" aus

Meldungen aus den 80-ern

Die letzten Jahre vor der Wende

Ein festlicher Tag für die katholische Gemeinde von Gera war der 1. Juni 1983. Der Grundstein für die Kirche „Hl. Maximilian Kolbe" wurde im Neubaugebiet Lusan gelegt. Viele Geraer sahen darin ein Zeichen der Hoffnung, denn einen Kirchenneubau in einem „sozialistischen" Wohnviertel hatten nur wenige erwartet.
Hauszeichen – etwas ganz Neues in der Stadt. Peter Willmaser und weitere Künstler fertigten sie für verschiedene Neubauten in der Schuhgasse, der Rittergasse und in der Greizer Straße.

Ein zweiter Neubau-Stadtteil sollte entstehen. Und so erfolgte 1986 die Grundsteinlegung für Bieblach-Ost.

Im Jahr 1984 brach die Kälte wieder in Gera ein. Die auf dem Flugplatz Leumnitz angesiedelte Wetterstation registrierte minus 26,5 Grad Celsius.

Im Oktober feierte die Stadt mit einem großen Fest ihr 750. Stadtjubiläum. Zuvor waren in der Innenstadt die Fassaden neu angestrichen worden, was Spötter zu dem Spitznamen „St. Latex" für Gera animierte. Leider hielt der Glanz nicht lange, Berge von Braunkohlenbriketts verschandelten schon nach wenigen Wochen die unteren Bereiche der gerade gestrichenen Häuser.

Die Stadtverordnetenversammlung beschloss eine Partnerschaft zwischen Gera und dem oberfränkischen Nürnberg.

Die höchste Einwohnerzahl, die Gera je hatte: Fast 135.000 Menschen lebten in der Stadt.

Diskussionsrunde im „Kultur- und Kongresszentrum Gera". Moderator Joachim Bardohn (rechts) leitet die kontroverse Diskussion mit Oberbürgermeister Horst Jäger (3. v. r.), Stadtbaudirektor Dr. Linsel (4. von rechts) und Reinhard Schubert, dem Autor dieses Buches.

Es kommt zum guten Ende

Michael Stolle und Michael Beleites brachten den Gründungsaufruf des „Neuen Forums" mit nach Gera. Er wurde am 21. September 1989 nach einem Friedensgebet in der Kirche St. Elisabeth verlesen. Bis 5. Oktober unterschrieben bereits rund 200 Geraer die Forderungen des „Neuen Forums", das sich unaufhaltsam zur Bürgerbewegung entwickelte.
Der Funke von Leipzig sprang nach Gera über, es gab friedliche Demonstrationen und Proteste unter dem Motto „Wir sind das Volk". Schließlich setzte sich das Volk durch. Die friedliche Revolution hatte gesiegt, die Menschen der DDR hatten die Grundlage für die Wiedervereinigung Deutschlands geschaffen – und die Geraer hatten auch ihren Anteil daran.

Geras Oberbürgermeister
von 1945 bis zur Wende

7. Mai 1945: Rechtsanwalt **Dr. Rudolf Paul** wurde von den Amerikanern als neuer Oberbürgermeister eingesetzt.

22. November 1945: **Dr. Friedrich Bloch** wurde Nachfolger des OB. Er löste Dr. Rudolf Paul ab, der zum Landespräsidenten berufen wurde.

9. September 1948: **Curt Böhme** wurde zum Oberbürgermeister ernannt.

19. Dezember 1956: **Otto Assmann** wurde zum Oberbürgermeister gewählt. Zuvor war er langjähriger Oberbürgermeister von Zwickau.

30. Dezember 1959: **Wilhelm Weber** wurde zum Oberbürgermeister gewählt.

22. November 1962: Wahl von **Horst Pohl** zum Oberbürgermeister, vorher fungierte er als Vorsitzender des Rates des Kreises Rudolstadt.

15. März 1988: **Horst Jäger** wurde als neuer Oberbürgermeister gewählt; sein Vorgänger Horst Pohl hatte die Funktion rund 26 Jahre ausgeübt und ist damit der dienstälteste Oberbürgermeister Geras.

23. Mai 1990: Nach den ersten freien Wahlen wurde **Michael Galley** (CDU) neuer Oberbürgermeister der Stadt. Zum Präsidenten der Stadtverordnetenversammlung wurde Dr. Bernhard Gantenbein vom „Neuen Forum" gewählt.

Was war wann?

1945
Die rund 1200 Soldaten des Standortes Gera kapitulierten. Die 7. US-Armee besetzte die Stadt am 14. April. Bereits im Juni erfolgte die Übergabe an die sowjetischen Truppen. – Am 18. August wurde Erbprinz Heinrich XIV. Reuss in Ebersdorf von den Russen verhaftet und ins Konzentrationslager Buchenwald gebracht. Hier wurde er höchstwahrscheinlich umgebracht, nähere Umstände konnten nie ermittelt werden.

1946
Durch die Aufnahme von Heimatvertriebenen nahm die Bevölkerungszahl sprunghaft zu und überschritt damit die 100.000er-Grenze. – Im März wurden erstmalig Lebensmittelkarten ausgegeben. – Betriebe, denen Aufträge für die

Rüstungsindustrie „nachgewiesen" werden konnten, wurden unter Sequester gestellt, die meisten von ihnen später verstaatlicht.

Erste Gemeinderatswahlen im September mit folgender Sitzverteilung: SED: 24 Sitze; CDU: 8 Sitze; LDP: 18 Sitze. – Im Oktober folgte die Wahl zum Landtag. Die SED erhielt rund 30.000 Stimmen, die LDP knapp 20.000, die CDU fast 900 und die Gegenseitige Bauernhilfe über 200.

1947

Das Schloss Tinz wurde an die SED übergeben und sollte als Kreisparteischule dienen. – Das Gymnasium wurde aufgelöst und mit weiteren Schulen zur Oberschule umgebildet. – Das im Krieg zerstörte Sommerbad wurde nach umfassender Sanierung wieder eröffnet.

1948

Bei einem von der SED organisierten Volksbegehren sprachen sich 92,99 Prozent aller Geraer für ein einheitliches Deutschland aus. – Der Botanische Garten in der Nicolaistraße wurde wieder eröffnet.

1949

Langenberg wurde nach Gera eingemeindet. – Die Verkehrsbetriebe gingen in kommunales Eigentum über. – Auf dem Ostfriedhof wurde ein Gedenkstein für die 446 Geraer Opfer des Nationalsozialismus eingeweiht.

1950

Die beliebte Gaststätte „Quisisana" wurde wieder eröffnet. – Erster Spatenstich für das Stadion der Freundschaft. Otto Dix stimmte zu, dass eine Straße in Untermhaus seinen Namen erhalten darf. – Auf der neuen Radrennbahn in Debschwitz gab es das erste Rennen. – Bei den Kommunalwahlen gab es erstmals eine Zustimmung von 99,9 Prozent für die Kandidaten der Nationalen Front.

1951

Das Kulissenhaus des Theaters wurde neu aufgebaut. – Das „Nationale Aufbauwerk (NAW)" startete. Als eines der ersten Objekte wurde das Stadion in Angriff genommen. – In Tinz wurde ebenfalls als NAW-Objekt ein neuer Kindergarten übergeben.

1952

Die neue Liebschwitzer Brücke wurde in Betrieb genommen. – Im „Haus der Pioniere" eröffnete die Pioniersternwarte. – Gera wurde nach Auflösung der Länder Bezirksstadt. – Im August erschien die erste Ausgabe der „Volkswacht" als Zeitung der SED und löste das „Volk" ab.

1953

Das Hotel „Schwarzer Bär" wurde von der HO übernommen. – Im Mai erfolgte die Grundsteinlegung für ein Stalindenkmal, das bereits im September übergeben wurde. – Die Flucht aus der DDR nahm zu, bei mehreren Geraer Firmen wurden die Normen erhöht, zunehmende Proteste führten zum Volksaufstand. – In der Friedrich-Wolf-Straße wurde die Strahlenklinik unter Leitung von Dr. Dalichow übergeben. – Das Bergarbeiterkrankenhaus nahm die Arbeit auf.

1954

Die Höhler unter dem Schreiberschen Haus wurde für den Besuch der Öffentlichkeit frei gegeben. – Im Juni gab es ein verheerendes Elster-Hochwasser, ganz Untermhaus stand unter Wasser. – Die Tanzbar der „Qui" wurde wieder eröffnet.

1955

Die HO-Wismut eröffnete ihr erstes Kaufhaus auf dem Markt. – Anfang Juni wurde der Bau des Stadions vollendet und im August eingeweiht. – Das erste Pressefest startete, Stargast war der Kraftathlet Milo Barus, der sich selbst als stärkster Mann der Welt bezeichnete.

1956

Die Großproduktion von Wohnungsbauteilen aus Beton begann im neu errichteten VEB Betonwerk. – Die neue Enzianschule wurde übergeben. – Auf der Sorge richtete die HO ihre erste Selbstbedienungs-Verkaufsstelle ein.

1957

Der Geraer Verkehrsbetrieb führte die ersten Sichtkarten ein und schaffte die Straßenbahnschaffner ab. – Die Ochsenbrücke musste aus Sicherheitsgründen gesperrt werden. Nur Fußgänger, Radfahrer und die Straßenbahn durften sie noch nutzen. – Am 24. April wurde das Posthumus-Denkmal in einer Nacht-und-Nebel-Aktion entfernt.

1958

Grundsteinlegung am Platz der Republik, das neue sozialistische Zentrum sollte entstehen. – Für das Hauptgebäude des Bergarbeiter-Krankenhauses wurde Richtfest gefeiert, es wurde mit einer Kapazität von 420 Betten geplant.

1959

Übergabe der neuen Kinderklinik in der Karl-Marx-Allee und der Augenklinik in Langenberg, – Nach einem Auf und Ab in der Einwohnerzahl wurde Gera amtlich als Großstadt mit über 100.000 Einwohnern anerkannt. – Der erste Schornstein-Neubau nach dem Krieg am Heizwerk Süd, zwei weitere folgten. – Im Mai wurde der O-Bus-Betrieb wieder aufgenommen. – Wiedereröffnung des Museums für Naturkunde. – Wiedereröffnung der Ochsenbrücke.

1960

Das Heizwerk Gera-Süd speiste den ersten Strom in das öffentliche Netz ein. – In Bieblach entstand die Bergarbeiter-Poliklinik. – Die Wendeschleife Tinz der Straßenbahn wurde in Betrieb genommen. – Die ersten „Trabis" tauchten im Stadtbild Geras auf.

1961

Der „Schlachthofsteg" über die Elster wurde fertiggestellt. – Die Quelle im Martinsgrund sprudelte wieder, Geraer Handwerker hatten sie neu gefasst.

1962

Die Verrohrung des Mühlgrabens begann; erster Bauabschnitt zwischen Färbergasse und Angermühle. – Die Puppenbühne Oestreich-Ohnesorge wurde in die Bühnen der Stadt eingegliedert. – Das Tiergehege im Martinsgrund wurde übergeben. – Weitere Teile des im Krieg zerstörten Schlosses Osterstein wurden gesprengt, die Planungen eines Terrassencafés begannen.

1963

Die erste Gebäudezeile am Platz der Republik wurde fertig, es gab die neuen Geschäfte „Karat" mit Uhren und Schmuck, das Modehaus „chic" und später noch „fesch". – Fertigstellung des Terrassencafés Osterstein. – Brand im Bühnenhaus des Theaters und anschließende Instandsetzung großer Teile des Hauses. – Juri Gagarin, der erste Kosmonaut der Welt, besuchte Gera. Es wird von 70.000 Geraern als Besuchern auf dem Biermannplatz berichtet.

1964

Fertigstellung des Gustav-Hennig-Platzes. – Wiederaufnahme des Unterrichtes in der Schillerschule. – Neue Kaufhalle in Bieblach. – Sprengung des Kesselhauses der Teppichfabrik. – Die 6. Arbeiterfestspiele fanden vom 19. bis 21. Juni in Gera statt.

1965

Grundsteinlegung für das neue Interhotel. – Zehngeschossiges Hochhaus in Bieblach übergeben. – Eröffnung des „Keller 68" in der Gagarinstraße.

1966

Wismut Gera stieg unter seinem Trainer Manfred Kaiser in die Oberliga auf, konnte sich dort aber nur ein Jahr lang halten. – Die Reste des alten Stadtmauerturmes am Stadtgraben wurden saniert. – Eröffnung der 15. POS in Debschwitz. – Verleihung der Ehrenbürgerschaft an Prof. Otto Dix.

1967

Eine Rolltreppe wurde im Konsument-Warenhaus auf der Sorge eingebaut. – In Heinrichsgrün wurde eine neue Brücke über die Elster eingeweiht. – Die ersten Mieter zogen im Appartementhaus Ernst-Toller-Straße ein. – Die Gaststätte „Bodega" in der Straße des 7. Oktober wurde unter dem Namen „Reblaus" wieder eröffnet.

1968

Auf der Strecke Stadtzentrum – Untermhaus fuhr die letzte Straßenbahn. – Der erste Bauabschnitt des Strandbades Aga wurde übergeben. – Schlüsselübergabe für das Interhotel am 6. Oktober. – Die Hallen für das Ausstellungszentrum am Martinsgrund wurden im Rohbau fertig. – Die dritte Übergabe anlässlich des Jahrestages der DDR-Gründung war das Kraftfahrzeuginstandsetzungwerk in Tinz. – Richtfest an der Erwin-Panndorf-Halle.

1969

16. POS in Bieblach fertiggestellt. – Die Gaststätte „Sliven" eröffnete auf dem Kornmarkt. – Unwetter über Gera. Große Teile des Schienennetzes der Wuitz-Mumsdorfer Bahn wurden zerstört, die Bahn stellte ihren Betrieb ein. – Mitte Dezember war auch das Ende der Gasbeleuchtung gekommen. – Die Panndorf-

Halle wurde fertig. – Die „Grüne Mulde" in Bieblach lud die ersten Gäste ein, und auch der „Jagdhof" im Stadtwald nahm den Betrieb auf.

1970

Nach umfangreicher Renovierung öffnete das „konsument" auf der Sorge wieder. – Die rund 450 Jahre alte Wolfgang-Glocke wurde nach Gera in die Trinitatiskirche zurückgebracht. Landesbischof D. Dr. Moritz Mitzenheim hatte die Rückführung der Glocke aus Lübeck erreicht. – Das „Bierpräsent" auf dem Markt wurde eröffnet und hatte das umfassendste Flaschenbierangebot der Stadt.

1971

Ein weiteres Lenindenkmal, geschaffen von Gerhard Thieme, wurde neben dem Gebäude der SED-Bezirksleitung aufgestellt. – In der Leninstraße wurde eine neue Kaufhalle gebaut.

1972

Die letzten 14 Privatbetriebe sowie 46 Firmen mit „staatlicher Beteiligung" wurden enteignet. – Richtfest an der Schwimmsporthalle. – Grundsteinlegung für das Neubaugebiet Lusan; es war für 40.000 Einwohner geplant. – Rekonstruktion des Theater-Restaurants abgeschlossen. – Neuer Kindergarten an der Wasserkunst. – Ein Möbelkaufhaus eröffnete am Mehrzweckgebäude Puschkinplatz.

1973

Es wurde der Grundstein für eine neue Großbäckerei in Tinz gelegt. – Das Gaswerk stellte seinen Betrieb ein, die Stadt wurde nur noch mit Ferngas versorgt. – Das neue Gartenrestaurant am Theater hatte die ersten Gäste. – Die Kreispoliklinik Straße des 7. Oktober wurde übergeben.

1974

Erster Spatenstich für die Pioniereisenbahn im Martinsgrund. – Übergabe des modernen Busbahnhofes am Hauptbahnhof. – Zwischen dem Interhotel und dem Stadtmuseum wurde ein Tunnel als Unterquerung für die Fußgänger gebaut, auf der Sorge eröffnete das „Café Warschau", und in Lusan wurde die erste Kaufhalle übergeben. Davon wurde ein Teil noch zur Versorgung der Bauarbeiter genutzt.

1975

Erste Fahrt der Pioniereisenbahn. – Zum letzten Mal verließ eine Dampflokomotive den Geraer Hauptbahnhof, es wurden nur noch Diesellokomotiven eingesetzt. – Der bekannte TV-Fischkoch Rudolf Kroboth eröffnete das „Gastmahl des Meeres" auf dem Zschochernplatz. – Die ersten Brötchen lieferte die neue Großbäckerei. – Der neue Stadtteil Lusan vermeldete über 10.000 Einwohner.

1976

Die „Gera-Information" wurde als Service-Stelle für Kartenverkauf und als Touristen-Information eröffnet. – Der Busbahnhof nahm den Betrieb auf. – Die alte Straßenbahntrasse Zoitzbergstraße wurde aufgegeben. – Der „Elstertal-Express" als Bahn-Direktverbindung Gera-Berlin startete zur Jungfernfahrt. – Die

Straßenbahn installierte in den Wagen elektrische Entwerter für die Fahrscheine, Barzahlung war nicht mehr möglich. – In Lusan wurde der erste Elfgeschosser der bekannten Typenserie WBS 79 montiert.

1977

Der Betrieb der O-Bus-Linie wurde eingestellt. – Ein neues Feierabendheim für über 270 Seniorinnen und Senioren wurde am Grünen Weg übergeben. – Die ersten Exquisit-Läden wurden eröffnet. – Bohnenkaffe gab es wegen des chronischen Devisenmangels nur noch im Interhotel und wenigen anderen Hotels der oberen Preisklasse, ansonsten war im Handel Mix-Kaffee zu haben. – Die Brücke über die F 92 wurde fertiggestellt. – Der Simson kam in die Werkstatt eines Geraer Steinbildhauers als Modell für einen Nachfolger aus Sandstein. – Der Konzertsaal des Theaters erhielt eine neue Orgel des bekannten Frankfurter Orgelbauers Sauer.

1978

Das Interhotel öffnete sich weiter für die Geraer Besucher, das Café „Rendez-vous" wurde eröffnet. Es hatte Platz für 92 Gäste und im Keller einen Intershop für Westgeld-Besitzer. – In Lusan eröffnete die 26. POS.

1979

Als Beitrag zum UNO-Jahr des Kindes wurde das Festival für Kinderfilme in Kino und Fernsehen „Goldener Spatz" eröffnet. Auf Beschluss des Ministerrates sollte es alle zwei Jahre in Gera stattfinden. – Der 56 Meter lange „Stublacher Steg" wurde wiederhergestellt. – Am Bezirkskrankenhaus wurde der Grundstein für ein neues Bettenhaus gelegt. – Eine Großtankstelle mit 17 Zapfsäulen wurde im Bereich der Autobahnabfahrt in Dienst gestellt. Sie hatte Tag und Nacht geöffnet. – Das Handelssortiment in Lusan wurde durch den „Heimwerker" ergänzt. – Die Stadtapotheke auf dem Markt wurde nach der Rekonstruktion wieder eröffnet, hinzu kam der neue Simson.

1980

Die Gaststätte „Pilzen" wurde übergeben und bot 120 Plätze im Restaurant, 60 in der Bierstube, rund 300 im Saal und 60 auf der Terrasse. Außerdem wurden täglich bis zu 1800 Portionen Mittagessen für die Schüler gekocht. – Am 13. Oktober hielt Honecker seine berühmt gewordene „Geraer Rede", in der er allen zarten Reformversuchen eine Abfuhr erteilte.

1981

Mitte Januar fuhr die erste Straßenbahn auf der Gesamtlinie von Zeulsdorf bis ins Stadtzentrum. – Das „Haus der Kultur" wurde im Oktober erstmalig geöffnet. Parallel lief – allerdings mit erheblicher Zeitverzögerung – die Rekonstruktion der Johannisgasse.

1982

Die Großbäckerei erweiterte ihr Angebot vor allem durch diverse Kuchensorten und die später beliebten Zwei-Pfund-Brote.

1983

Das Geraer Rathaus wurde als Motiv auf einer Sonderbriefmarke verewigt. – Grundsteinlegung für die neue katholische Kirche „Hl. Maximilian Kolbe" in Lusan. Mit zwölf Glockenschlägen meldete sich das neue Geläut vom Rathausturm.

1984

Die letzte Straßenbahn aus Richtung Tinz fuhr am 1. Juni durch die Sorge; die Trasse war „Hinter die Mauer" verlegt worden. Bei dieser Gelegenheit erfolgte die Umbenennung in „Am Leumnitzer Tor".

1985

Auf dem Zschochernplatz wurde ein alter Brunnen entdeckt. – Der Bergfried auf Schloß Osterstein wurde rekonstruiert. – Wertvolle Kunstschätze aus dem Fürstenhaus Reuss, die als verschollen galten, wurden durch die Polizei ermittelt und dem Stadtmuseum übergeben. – Das „Lusaner Fass" wurde übergeben.

1986

Grundsteinlegung für das Neubaugebiet Bieblach-Ost. – Am Steinweg eröffnete die „Gaststätte zum Höhler", die vorher unter ihrem Besitzer Eitelfritz Uebel eine Geraer Institution und beliebter Treffpunkt war.

1987

Auf dem Markt wurde die Gaststätte „Pskow" eröffnet". – Im Stadtteil Milbitz nahm das Tierheim seine Arbeit auf. – Vom 1. bis 7. Oktober wurde das 750-jährige Jubiläum der Stadt Gera gefeiert.

1988

Erstmals wurde unter OB Peter Schönlein über eine Städtepartnerschaft verhandelt. Eine Delegation besuchte Gera. – Grundsteinlegung für das künftige Dix-Haus am Mohrenplatz, dem Geburtshaus des Malers.

1989

Gera erreichte eine Einwohnerzahl von knapp 135.000. Das „Neue Forum" veröffentlichte seinen Gründungsaufruf. Bei einem Friedensgebet in der St. Elisabeth-Kirche gab es Ende September die ersten sieben Unterschriften, bis 5. Oktober unterschrieben bereits 200. Das war der Anfang für die friedliche Revolution. Die DDR war am Ende.

Um- und Neubenennung von Straßen und Einrichtungen der Stadt

3. Mai 1945: 13 Straßen erhielten einen neuen Namen.
1. Juli 1945: Die Namen von 17 Straßen wurden geändert.
November 1945: Das „Reussische Theater" wurde in „Bühnen der Stadt Gera" umbenannt.
24. Juni 1946: Die Bewohner weiterer 24 Straßen mussten sich an neue Namen gewöhnen.

1. Januar 1948: Das Union-Kaufhaus auf der Sorge firmierte ab sofort als „Konsum-Warenhaus."

1949: Der im Rahmen des Straßen-Umbenennungsprogrammes 1946 geschaffene Platz am Küchengarten mit dem Namen „Lilly-Paul-Platz" war nach einer Jüdin benannt worden. Sie war die geschiedene Gattin des späteren OB Dr. Paul. Rudolf Paul war aber bereits im September 1949 nach Westdeutschland gegangen, sodass der Name für den Platz offenbar nicht mehr tragbar erschien. Er wurde daher in „Biermannplatz" umbenannt. Max Biermann – der Inhaber des größten Kaufhauses – war der Vater von Lilly Paul.

10. Oktober 1949: Aus dem „Roßplatz" wurde „Platz der Republik".

10. Oktober 1949: Das Gelände vor der Ausstellungshalle erhielt den Namen „Gustav-Hennig-Platz".

2. März 1953: Die „Schützenstraße" wandelte sich zur „Geschwister-Scholl-Straße".

4. August 1958: Auf Verordnung der DDR-Regierung mussten alle „nicht mehr tragbaren Benennungen von Straßen, Wegen und Plätzen beseitigt (…) werden". So wurden in Gera weitere 36 Straßen und Plätze umbenannt. Markantestes Beispiel war die „Schloßstraße", die den Namen „Straße des 7. Oktober" erhielt.

13. Januar 1952: Die wieder aufgebaute Liebschwitzer Brücke erhielt den Namen „Friedensbrücke".

2. Juli 1953: Das „Kaffee Meyer" wurde in der Stalinstraße als HO-Café „Prag" wieder eröffnet.

November 1957: „Jahrs Flur" in Liebschwitz wurde „An der Flur", und ein Teil der „Otto-Dix-Straße" in Untermhaus erhielt den Namen „Hans-Otto-Straße".

8. November 1958: Aus der „Wiesestraße" wurde die „Leninstraße".

15. November 1958: Umbenennung der „De-Smit-Straße" in „Julius-Fucik-Straße".

7. Januar 1959: Der VEB Textilveredlungswerke wurde in „VEB Modedruck Gera" umbenannt. Das Unternehmen war einst das renommierte Unternehmen von Louis Hirsch.

1959: Die „Waldstraße" erhielt die neue Bezeichnung „Straße des Friedens".

7. Oktober 1959: Der Johannisplatz wurde „zu Ehren des 10. Jahrestages der Gründung der DDR" mit dem Namen „Platz der Deutsch-Sowjetischen Freundschaft" versehen.

16. April 1961: Der 75. Geburtstag von Thälmann war Anlass, die „Mathilde-Wurm-Straße" in „Jurij-A.-Gagarin-Straße" umzutaufen.

März 1966: Die „Spörlstraße" wurde in „Eugen-Selbmann-Straße" umbenannt, und die „Zeppelinstraße" erhielt den neuen Namen „Rudolf-Diener-Straße".

26. März 1966: Namenserweiterung für die Neulandschule Gera-Pforten; sie hieß ab sofort „Neulandschule Erich Lobert".

21. März 1966: Diesmal war die „Berliner Straße" an der Reihe und wurde zur „Wilhelm-Pieck-Straße".

6. Oktober 1966: Namensgebung für die Debschwitzer Schule: „Rudolf Scheffel".

27. Juni 1970: Der 25. Jahrestag der Volkspolizei war Anlass für eine Namensgebung: Die Radrennbahn erhielt den Namen „Herbert-Liebs-Kampfbahn".

14. April 1971: Die „Plauensche Straße" wurde in „Straße der Pariser Kommune" umbenannt.

28. August 1974: Diesmal keine Umbenennung, sondern eine Straßentaufe: Eine bisherige Baustraße in Lusan wurde zu Ehren der tschechoslowakischen Partnerstadt „Plzener Straße" getauft.

6. Oktober 1974: Die 19. POS bekam den Namen „Alexander Matrossow", die 18. POS in Untermhaus hieß jetzt „Erwin Panndorf".

11. Februar 1976: Neun Lusaner Straßen erhielten die Namen von Kreisstädten des damaligen Bezirkes Gera.

Februar 1978: Wieder Umbenennungen am laufenden Band. Aus „Schlachthofstraße" wurde „Straße der Deutsch-Sowjetischen Freundschaft", die neue Elsterbrücke am Heizwerk wurde auf den Namen „Brücke der Freundschaft" getauft, und die Siemensstraße wurde zur „Swerdlowstraße".

1. September 1980: Die 29. Schule der Stadt wurde in Lusan eröffnet und erhielt den Namen „Olga-Benario-Prestes".

März/April/Juni 1981: Weitere Namensverleihungen im Neubaugebiet: „Curt Böhme" (25. POS), „Rosa Luxemburg" (26. POS) und „Helene Fleischer" (27. POS).

August 1984: Die Straßenbezeichnung „Hinter der Mauer" war manchem Hardliner schon lange ein Dorn im Auge. Jetzt gab es den neuen Namen „Am Leumnitzer Tor", der Straßenabschnitt zwischen Kornmarkt und der Greizer Straße erhielt seine historische Bezeichnung „Böttchergasse" zurück.

3. August 1988: In Scheubengrobsdorf gibt es seit diesem Tag den „Gingkoweg". Das war die letzte Neubenennung vor der politischen Wende.

Reinhard Schubert

Reinhard Schubert lebt seit 1964 in Gera. Nach dem Studium der Journalistik war er viele Jahre Redaktionschef der Geraer Redaktion der „Thüringischen Landeszeitung".

Nach der politischen Wende wurde er Redaktionsleiter der Wochenzeitung „Neues Gera". Insgesamt arbeitete er 42 Jahre in seinem Beruf und hat dabei die Entwicklung der Stadt Tag für Tag mit verfolgen können. Nach dem Eintritt in den Ruhestand ist er weiter freiberuflich tätig. Einen besonderen Schwerpunkt seiner Arbeit hat er immer in der Geschichte der Stadt Gera gesucht und gefunden. Dabei fühlt er sich in starkem Maße dem Geraer Heimatschriftsteller Hermann Luboldt verpflichtet, der unter dem Pseudonym Peter Boll über 1000 Gedichte und viele weitere schriftstellerische Arbeiten hinterlassen hat. Zu seiner Erinnerung hat Schubert die Broschüren „Du bist es, die ich liebe" und „Gersche Geschichten" herausgegeben, die über Jahre die meistverkauften Bücher in Geraer Buchhandlungen waren. 2008 erschien dann der große Sammelband „Peter Boll".